형사사건 공소장 의견서
법원 의견서 피고인 의견서 지침서

공소장 공소사실
의견서 작성방법

편저 : 대한법률콘텐츠연구회
(콘텐츠 제공)

해설 · 최신서식

법문북스

머 리 말

전혀 예상하지 못했던 일로 수사기관에 출석하여 조사를 받아야 하고 법정에 서서 형사재판을 받아야 한다는 것은 누구든지 쉽지 않은 일입니다.

그렇다고 해서 그냥 뇌둘 수도 없는 노릇입니다.

대부분 불구속 상태에서 형사재판을 받는 경우 당장 구속을 면했기 때문에 대수롭지 않게 생각하고 안일하게 대처하는 분들이 굉장히 많은 편입니다. 검사가 수사한 결과 피의자에 대한 유죄로 인정된다고 판단하는 사건 중에서 벌금형으로 처단할 수 있는 법조항이 없고 피의자가 범행에 대해 인정하고 있고 도주나 증거인멸의 우려가 없다고 판단하고 불구속 구공판을 청구한 사건입니다.

구속만 되지 않았을 뿐이지 구공판에 회부된 사건은 중범죄로써 안일하게 대체하였다가 법정에서 구속되는 사례가 굉장히 많습니다. 이것은 당장 구속은 되지 않았다는 생각만으로 대처하지 못해 이루어진 것입니다.

검사가 공소를 제기할 때는 관련 증거자료가 모두 수집되어 있으므로 피고인을 유죄를 입증하는 데 확신하고 공소를 제기한 것이므로 피고인으로서는 정말 신중하게 생각하고 검사가 작성한 공소장을 읽고 공소사실이 사실과 다른 경우 적극적으로 대응하여야 합니다.

형사재판은 피고인이 법정에서 재판장이 보는 면전에서 하고 싶은 말을 일일이 말로 할 수 없으므로 의견서를 통하여 재판과 관련하여 피고인이 하고 싶은 말을 의견서에 기재재하여 재판장 앞에 놓고 일대일로 대화한다는 생각으로 의견서를 잘 작성하여야 효과적이고 억울함을 해결할 수 있는 유일한 방법입니다.

옛말에 이런 말이 있습니다. 우는 아이에게 젖을 준다고 하듯이 사건과 관련하여 공소사실이 잘못됐다면 의견서를 통하여 재판장에게 사건의 실체를 설명하고 이해를 시켜야 합니다.

재판장은 형사재판에서 10%만 피고인의 유무죄를 따지고 90%는 피고인이 적어내는 의견서를 읽고 양형을 정하고 피고인에게 가장 알맞은 형을 정하고 판결을 선고한다고 해도 과언은 아닙니다.

　문제는 피고인들이 불구속 구공판으로 회부된 사건은 별것 아니라는 생각으로 안일하게 대처하기 때문에 불미스러운 일이 생길 수 있습니다.

　본서를 접한 모든 피고인들은 스스로 자기의 사건에 대하여 의견서를 만족하게 작성해 재판부에 제출하고 이번 사건에서 좋은 결과를 얻어 완전히 벗어나시려면 재판장의 심증을 움직이고 꼭 마음에 드는 선처를 받아 늘 웃으시면서 건강하시기 바랍니다.

　감사합니다.

- 편저자 -

차 례

3

공소장 공소사실
의견서 작성방법

제1장 공소장 의견서

1. 수사 및 공소

형사소송법 개정으로 2022. 09. 10.부터 1.부패범죄 2.경제범죄 범죄피해액이 5억 원 이상 사기 등 범죄의 수사권은 검찰에 있고, 나머지 범죄의 1차적 수사권, 수사종결권은 경찰에 있습니다.

경찰은 1차적 수사권, 수사종결권에 의하여 사법경찰관이 피의자에 대한 수사한 결과 범죄혐의 인정되면 기소의견으로 검찰에 송치하고 피의자에 대한 범죄혐의 인정되지 않는다고 판단하면 불송치(고소사건을 1차적 수사권에 의하여 기소의견으로 송치하지 아니하고 경찰에서 자체적으로 종결처리 한다는 뜻입니다) 결정을 할 수 있습니다.

경찰에서 불송치 결정을 한 사건에 대하여 고소인이 이의신청을 하면 검사가 이의신청서와 수사기록을 넘겨받아 수사한 결과 사법경찰관이 한 수사에 미진한 부분이 있음에도 불구하고 불송치 결정을 한 것이 위법 부당한 때에는 다시 사법경찰관에게 재수사를 하게 하고 최종적으로 기소 여부를 결정할 수 있습니다.

검사가 피의자에 대한 범죄혐의 유죄로 인정되어 공소를 제기하는 경우에는 (1)피의자를 구속하여 법원에 정식재판을 청구하는 구속 구공판을 할 수 있고, (2)피의자를 불구속하여 법원에 정식재판을 청구하는 불구속 구공판을 할 수 있고, (3)피의자를 불구속하여 법원에 약식재판을 청구하는 불구속 구약식을 할 수 있습니다.

사안이 경미하고 벌금으로 할 수 있는 사건은 검사가 불구속하여 구약식을 청구하고 벌금으로 할 수 없고 피고인이 증거인멸이나 도주의 위험이 없는 중범죄에 대하여 불구속 구공판을 청구하는 경우 피고인이 불구속 상태에서 형사재판을 통하여 징역형을 선고받을 수 있으므로 피고인이 사건에 대하여 의견서를 작성하여 법원에 제출하는 등 자기 방어방법을 강구하여야 합니다.

2. 공소제기

검사가 공소를 제기하는 때는 공소장을 관할법원에 제출하여야 합니다. 이처럼 검사가 법원에 제출하는 서면을 가리켜 실무에서는 '공소장' 이라고 합니다. 공소장에는 (1)피고인의 성명 기타 피고인을 특정할 수 있는 사항 (2)죄명 (3)공소사실 (4)적용법조 등을 기재하여야 합니다. 검사가 공소장에 기재하여 공소를 제기하는 범죄사실을 공소사실이라고 하고 공소사실은 법원의 심판 대상이 된 범죄구성사실을 말합니다.

공소사실의 기재는 범죄의 시일, 장소와 방법을 명시하여 사실을 특정할 수 있도록 하여야 합니다. 심판의 대상을 정확하게 특정하는 것은 피고인의 방어권 행사를 보호하기 위한 것입니다.

3. 공소장일본주의

검사가 공소를 제기할 때에 공소장 하나만을 법원에 제출하고 기타의 서류나 증거물은 일체 첨부하거나 제출하여서는 안 된다는 원칙을 공소장일본주의라고 합니다.

공소장일본주의는 형사재판을 담당하는 법관(재판장)이 어떤 선입관이나 편견을 미리 가지지 않게 하고 피고인의 주장과 입증은 공판정을 통해서만 하게 하여 재판장으로 하여금 백지의 상태로 공판을 임하게 함으로써 형사재판의 공정을 기하려는 데 그 취지가 있습니다.

공소장일본주의를 취하면 피고인에게 이익이 되는 점도 있으나 실질적으로 불이익이 되는 경우도 적지 않습니다.

피고인이 검사가 보관하는 공소제기 된 증거서류를 미리 열람 또는 등사하여 사건의 내용을 파악한 후 의견서를 작성하여 제출하고 공판에 임하면 피고인이 방어방법을 충분히 강구할 수 있으나, 공소장일본주의를 취하면 공판정에서 비로소 증거서류를 조사하게 되므로 피고인이 간단히 동의하면 바로 증거로 채택하게 되어 증거조사가 소홀히 될 염려가 있습니다.

검사가 작성한 의견서만 읽고 의견서를 제출한 이후 법정에서 피고인이 감당히 동의하면 증거조사를 할 수 있게 때문에 검사가 보관하는 공소제기 된 증거서류를 등사할 수 있습니다. 피고인이 의견서를 제출한 이후 검사가 보관하는 공소제기 된 증거서류를 등사하여 증거서류를 면밀히 검토한 후 추가의견서를 작성해 제출하시면 됩니다.

제2장 의견서 제출의무

법원은 검사가 공소장을 제출하면 형사소송법 제266조의2(의견서의 제출)제1항 피고인은 공소장 부본을 송달받은 날부터 7일 이내에 공소사실에 대한 인정 여부, 공판준비절차에 관한 의견 등을 기재한 의견서를 제출하여야 합니다.

다만, 피고인이 진술을 거부하는 경우에는 그 취지를 기재한 의견서를 제출할 수 있습니다.

제2항 법원은 제1항의 의견서가 제출된 때에는 이를 검사에게 송부하여야 합니다.

1. 의견서 제출이유

공소장일본주의에 따라 검사가 공소를 제기할 때 공소장 하나만을 제출하도록 하고 있어 재판장으로서는 검사가 제출한 공소장만으로 피고인의 범죄를 판단하고 피고인에 대한 양형을 정하고 판결을 선고한다는 제약이 있습니다.

그러므로 피고인에게 공소장 부본을 보내고 공소사실에 대한 인정 여부, 공판준비절차에 관한 의견 등을 기재한 의견서를 제출하게 하고 의견서를 통하여 피고인이 왜 이러한 범죄를 저질렀고, 판결을 선고한 이후 피고인이 어떻게 살아갈 것인지를 확인하고 피고인에게 가장 알맞은 양형을 정하고 판결을 선고하기 위한 것입니다.

2. 의견서의 제출효과

의견서는 피고인으로서 재판장에게 재판과 관련하여 하고 싶은 재판장을 직접 만나서 말을 구술(말)로 일일이 다 할 수 없으므로 의견서를 통하여 재판장에게 재판과 관련한 내용을 진술하고자 하는 사항을 모두 기재하여 재판장 앞에 의견서를 놓고 마주앉아 대화하는 것입니다.

재판장으로서는 피고인에 대한 재판은 10%만 유무죄를 따지는 것이고 나머지 90%정도는 피고인이 제출한 의견서를 통하여 피고인의 양형을 정하는 것이므로 재판장이 피고인에 대한 형량을 정하기 위한 기초자료는 검사가 작성해 제출한 형식적인 공소장이 전부이므로 피고인이 작성한 의견서를 통해 양형의 자료를 찾고 피고인에게 가장 알맞은 형을 정하고 판결을 선고하는 것이므로 피고인이 제출하는 의견서는 양형에 영향이 미치는 매우 중요한 서류입니다.

3. 기재하여야 할 내용

의견서에는 피고인이 어떤 범행을 자행했느냐에 따라 사건별로 양형자료가 다르고 진행경과 및 효과적인 접근방법에 따라서 양형자료가 다를 수 있기 때문에 기재하여야 할 내용에는 공소사실을 부인하고 무죄를 주장하는 취지가 아니라면 진지한 반성의 모습을 보여주어야 하며, 부양가족이 많음 드러내고 부양가족에게 곤경을 가져다 줄 수 있다는 가정형편을 설명하고 재범의 가능성보다 개선가증성이 높다는 것과 초범으로 범죄전력이 없다고 기재하고 피해자가 있는 사건의 경우 피해복구를 어떻게 하였다는 것인지 설명하여야 이것이 일반양형인자 중 감경요소에 포함되는 요소이므로 피고인으로서는 재판장에게 선처를 호소하려면 의견서를 통하여 빠짐없이 기재하여 적극적으로 양형을 정하는데 정상을 참작할 수 있도록 하여야 효과적입니다.

재판장으로서는 피고인이 작성한 의견서가 진실만을 기재한 것으로 믿고 의견서를 끝까지 읽어내려 갈 수 있도록 핵심사항만 잘 전달하는 것이 가장 중요합니다.

공소사실에 대하여 부인하는 것이 아닌 경우는 감정에 호소하는 글이라는 점 때문에 의견서를 진정성 있게 작성하는 것이 중요하므로 육필로 작성하거나 컴퓨터에서 워드로 의견서를 작성하고 2통을 프린트하여 법원에 제출하는 것이 좋습니다.

제3장 공소사실 인정 여부

검사가 공소를 제기한 공소사실에 대한 의견을 정리할 때는 처음부터 공소사실 중 사실 부분과 의견 부분을 구분하여 사실 부분에 대한 각 공소사실은 세부적인 증거를 모두 검토하여 어떠한 증거로서 인정된 사실인가를 검토하고 공소사실을 인부하여야 합니다.

증거와 사실이 대응되지 않는다면 이는 증거에 의한 사실인정이 아니라 막연한 증거에 의한 추론적 사실인정이 될 수 있으므로 증거와 공소사실의 명백한 연결관계를 확인할 필요가 있기 때문에 각 공소사실 중 사실 부분을 개별적으로 분석하여 이를 의견서에 정리하는 것이 좋습니다.

공소사실의 인부는 중대한 의미를 가지는 것이므로 공소사실이 증거 없이 사실을 인정한 부분, 증거가 부족한데 사실을 인정한 부분, 증거와 사실인정 사이에 논리성이 결여된 경우, 증거와 사실인정 사이에 적용된 경험이 실제 사실관계에서의 경험과는 다른 점이 있으면 의견서를 통하여 공소사실의 부인의 요지만 기재하여 제출하였다가 공소장일본주의에 의하여 공판정에서 비로소 증거서류를 조사하게 되므로 피고인이 법정에서 간단히 동의하면 바로 증거로 채택되어 형사소송법 제266조의3(공소제기 후 검사가 보관하고 있는 서류 등의 열람·등사) 제1항 에 의하여 검사에게 공소제기 된 사건에 관한 서류 또는 물건의 목록과 공소사실의 인정 또는 양형에 영향을 미칠 수 있는 서류 등의 열람·등사하여 증거조사를 마친 후 상세한 내용은 추가의견서를 통하여 밝히시면 됩니다.

검사가 작성한 공소사실이 분명하지 않은 점이 있으면 그 부분에 대하여는 의견서를 통하여 부인의 요지만 기재하여 제출하였다가 피고인이 법정에서 간단히 증거조사에 동의하면 바로 증거로 채택되어 형사소송법 제266조의3(공소제기 후 검사가 보관하고 있는 서류 등의 열람·등사) 제1항 에 의하여 검사에게 공소제기된 사건에 관한 서류 또는 물건의 목록과 공소사실의 인정 또는 양형에 영향을 미칠 수 있는 서류 등의 등사하여 상세한 내용은 추가의견서를 통하여 밝히시면 됩니다.

 그것을 그대로 두고 피고인의 짐작이나 추측에 따라 의견서를 통하여 공소사실을 인부하게 되면 후일 검사가 해명을 한 결과가 피고인의 공소사실에 대한 인부가 엉뚱한 것으로 만드는 경우가 자주 있습니다.

 공소사실에 대한 증거를 검토하거나 사실관계를 면밀히 조사할 시간적 여유가 없어서 증명에 관한 확신이 없는 경우 의견서를 통하여 공소사실 부인의 요지만 기재하여 제출하였다가 피고인이 법정에서 간단히 증거조사에 동의하고 증거로 채택된 후 검사에게 공소제기 된 사건에 관한 서류 등을 등사하여 실제로 증거를 눈으로 보고 기타 정황을 충분히 검토하고 정확한가의 여부까지 확인한 후에 상세한 내용은 추가의견서를 제출하시면 됩니다.

제4장 양형의 조건

법원에서 피고인에게 송달하는 의견서는 형법 제51조(양형의 조건) 형을 정함에 있어서는 다음 사항을 참작하여야 한다. 는 규정에 의하여 의견서에는

1. 범인의 연령, 성행, 지능과 환경

2. 피해자에 대한 관계

3. 범행의 동기, 수단과 결과

4. 범행 후의 정황의 순서에 따라 피고인이 진술하도록 하고 있습니다.

1. 성행, 지능과 환경

형법 제51조 양형의 조건에 나와 있듯이 일단 처절한 자기반성이 우선되어야 합니다. 피고인에게 의견서를 통하여 '성행' 을 묻는 것은 피고인이 지니고 있는 성품이 어질고 착한지 너그러운 성품을 가지고 있는지 겸손을 타고났는지 못마땅한 것을 참지 못하는 성미인지 성을 자주 내거나 왈칵 행동하는 성미인지 의견서를 통하여 피고인의 됨됨이를 보고 재범의 우려 보다는 개선가능성이 높은지를 판단하고 피고인의 양형을 정하기 위해서입니다.

피고인의 지능을 보는 것은 성취 정도에 따라 정하여지는 적응 능력과 지능지수를 따져보고 피고인이 새로운 대상이나 상황에 부딪혀 그 의미를 이해하고 합리적인 적응 방법을 알아내고 피고인의 양형에 참작하기 위함입니다.

예를 들어 수달과 침팬지는 자신의 몸 이외에 주변에 있는 돌멩이나 막대기 등의 도구를 사용하는 지능을 지니고 있듯이 피고인에게 어떤 지능을 가지고 있는지 지능을 통하여 다시는 이러한 재범을 저지르지 않고 부양가족을 부양하며 열심히 잘 살아갈 것이라는 확신에 대하여 양형을 정하는데 판단합니다.

범죄는 간접으로 영향을 주는 자연적 조건이나 사회적 상황에 따른 환경을 중요시합니다. 피고인이 생활하는 주의의 상태나 환경은 양형을 고려하는 중요한 요소중에 하나입니다. 특히 의견서를 통하여 피고인의 환경을 진술하게 하는 것은 피고인이 불우한 환경 속에서도 좌절하지 않고 열심히 살아왔는지를 살피고 정상을 참작합니다. 피고인은 어려운 환경에서도 부양가족을 잘 보살피며 어려운 환경에 굴복하지 않고 버티면서 살아 나가는 상태를 발견하고 양형에 참작하게 됩니다.

인간을 둘러싸고 있는 주위의 유형·무형의 요소의 일체를 환경이라고 할 때 인간의 생활환경은 재생산의 장소이자 처소라고 말할 수 있습니다.

피고인이 어떤 환경에서 자라났는지 또 피고인이 어떤 교육을 받았고 어떤 생활환경을 통하여 다시는 이러한 범행을 저지르지 않을 것이라는 점을 발견하고 양형에 도움을 줄 수 있으므로 하나도 빠짐없이 의견서에 기재하는 것이 좋습니다.

2 피해자와의 관계

피고인과 피해자의 관계는 형법 제51조 양형의 조건으로 참작됩니다.

형법상 피해자의 승낙은 위법성조각사유가 되며, 특별한 규정이 없는 한 벌하지 아니합니다. 예를 들어 권리행사방해죄나 재산범죄에 있어서는 피고인과 피해자 간에 친족관계가 있을 때에는 그 형을 면제하거나 친고죄가 되기 때문에 피고인으로서는 의견서를 통하여 피해자와의 관계를 구체적으로 기재하는 것이 좋습니다.

피해자가 원인관계를 자초하였다거나 피해자가 피고인과 말다툼을 하던 중 피해자가 피고인을 때리다가 스스로 넘어져 다쳤다거나 어느 정도 피해자에게 책임이 있고 과실이 있는 범행의 경우에는 구체적으로 피해자와의 관계를 의견서에 기재하는 것이 피고인에게 훨씬 유리하게 양형에 반영됩니다.

3. 범행의 동기

범죄는 어쩔 수 없는 상황에서 일어난 경우도 있을 수 있습니다. 피해자가 도망을 가고 있는데 끝까지 피고인이 뒤쫓아 따라가서 피해자를 상해하는 것과 의도적으로 범행계획을 세워 폭행을 가하거나 발로 걷어차 땅바닥에 떨어지게 하여 상해를 입힌 것으로 공소사실에 석연찮은 범행동기가 기재하여 묘사되어 있으면 피고인으로서는 의견서를 통하여 사실관계를 자연스럽고 부드럽게 진술할 필요가 있습니다.

범행 동기에 따라 피고인의 양형이 정해지기 때문에 인간이 이성을 잃고 인간으로 해서는 안 되는 그런 행동을 할 때도 있습니다. 공소사실에 피고인이 피해자를 쫓아다녔다거나 의도적이거나 계획성범죄로 공소장에 묘사되어 있다면 쫓아다니지 않았다 의도적이 아니다 계획성이 아니라 우발적으로 일어난 동기였음을 조리 있게 재판장에게 해명을 하고 난후 선처를 호소하여야 도움이 될 수 있습니다.

그렇다고 해서 범행의 동기를 사실과 다르게 조작하고 거짓말을 하라는 것이 아니고 범행 동기는 무조건 의도적이거나 계획적인 범행으로 되어 있으면 최선을 다해 부드러운 모습과 의도적이 아니라는 것을 피력하여야 도움을 받을 수 있습니다.

예를 들어 남의 집 담을 넘어 들어간 것과 대문이 열려있어 호기심에 들어간 것이라는 식으로 좋지 않은 범행동기를 약간이라도 희석시켜 부드럽게 설명하면 의견서를 읽는 재판장의 마음을 돌릴 수 있습니다.

범행 동기는 중요한 양형사유에 해당합니다.

범행동기가 재판장이 공소장을 읽고 눈살을 찌푸릴 정도로 잔혹하면 가중요소가 됩니다. 범행동기에 정상을 참작할만한 사유가 있거나 부드럽게 희석시켜 주면 감경요소가 됩니다.

예를 들어 친구를 앙심을 품고 고의적으로 폭행하고 친구가 넘어져 머리를 크게 다친 사고라면 친구를 만나 이런 저런 장난을 하다가 폭행사고가 일어난 것으로 의견서를 통하여 진술하면 재판장으로서는 참작할만한 범행동기가 되어 감경요소에 해당하는 것입니다.

4. 수단과 결과

범행의 목적을 이루기 위한 범행의 수단도 중요한 양형사유에 해당합니다.

공소사실이 납득하기 어려운 이유를 대면서 비상식적이고 잔혹한 행동을 하였다거나 범행의 내용과 수단은 죄질이 불량하게 기재되어 있다면 의견서를 통하여 죄질이 불량하게 보이지 않도록 부드럽게 희석시켜야 도움을 받을 수 있습니다.

예를 들어 사기방조죄로 기소된 사안에서 공소사실에는 계좌번호를 보이스 피싱 범죄자와 결탁하여 계좌를 넘겨주고 돈을 찾아서 전달한 것으로 되었다면 실직이 되어 생계가 어려운 상황에서 사용하지 않는 통장을 빌려주면 세금을 줄이는데 사용하고 매월 200만 원을 지급하겠다고 해서 전혀 죄가 되는지도 모르고 계좌번호를 넘겨 준 것이고 계좌로 입금된 돈을 찾아서 어느 계좌로 보내주면 약속한 200만 원을 준다고 해서 돈을 찾아 준 것인데 그 후로 200만 원도 주지 않고 아예 연락이 되지 않았다며 다시는 이런 일이 없도록 하겠다고 설명을 하여야 합니다.

결과 또한 중요한 양형자료에 해당합니다.

범행 동기 또는 의도에 대하여 현실적으로 이야기 된 일을 결과라고 합니다. 범행의 동기 또는 의도와 결과 사이에는 때때로 일치하지 않는 결과가 나오는 경우가 있으므로 의견서를 통하여 결과를 보다 자세하게 기재하는 것이 양형판단의 자료로 활용됩니다.

원인은 반드시 시간적으로 결과보다 앞설 필요는 없습니다.

원인과 결과가 동시에 존재해도 무방합니다. 보통은 이러한 결과를 생기게 하기 위해 우선 생기게 하는 것이 수단이 될 수 있는 것이므로 일으키게 하는 현상을 의견서를 통하여 진술하면 정상을 참작할 수 있습니다.

5. 범행 후의 정황

범행 후의 정황 또한 중요한 양형자료에 해당합니다.

공소사실에 의하면 피고인이 피해자의 이동 장소를 확인하는 등 계획적으로 범행을 준비한 정황도 드러났다고 기재되어 있으면 계획적으로 범행을 준비한 정황이 있다는 것을 그대로 두고 피고인의 짐작이나 추측에 따라 선처를 호소하면 아무런 소용이 없습니다.

계획적으로 준비한 정황에 대해서는 여러 차례 찾아갔다 하더라도 피고인이 옛 거주지 주변을 갔었던 것은 맞지만 범행을 준비하기 위해 간 것은 아니라고 재판장에게 설명을 하고 이해를 시켜야 합니다.

사건에 대한 사정과 상황을 잘 설명하고 피고인에게 어떤 딱한 처지에 놓여 있는지 상황에 대해서는 근거자료를 의견서에 첨부하고 자세하게 설명하여야 합니다.

사건의 상황을 뜻하는 것이므로 사건과 관련하여 피고인의 성격, 연령, 환경, 범죄의 경중, 정상, 범행 후의 정황을 참작할 수 있도록 의견서를 통하여 진술하여야 효과적입니다.

범행 당시의 피고인이 직면하였을 때 자발적으로 취한 행동이나 어떤 방어를 위하여 일어난 것임을 재판장이 정상을 참작할 수 있도록 진술하여야 좋습니다. 여러 가지 당시의 정황으로 비추어 볼 때 피고인으로서는 그렇게 한 것이 최선이라고 생각했다는 점을 설명하여야 합니다.

 정황이 매우 좋지 않더라도 어쩔 수 없었던 상황과 피고인의 생각으로는 이것이 최선이라는 생각으로 이러한 일이 생긴 것이지만 정말 피해자 분께 잘못을 사죄드리고 용서를 구한다는 마음지세로 접근하여야 합니다.

 당시에는 경황이 없어서 다른 생각을 할 여유가 없었습니다. 지금 와서 생각하면 왜 당시에 피해를 줄이려고 이런 생각을 하지 못했는지 후회가 막심합니다. 라는 식으로 의견서에 기재하고 재판장을 이해시켜야 합니다.

 선처를 호소하기 위해서는 피고인이 해야 할 것은 먼저 이행하려는 태도를 보여야 합니다. 피해자가 입은 피해를 복구하여야 함에도 복구는 하지 않고 피해자를 탓하고 선처를 운운하면 아무런 도움이 안 됩니다. 필요적 피해복구 사건의 경우 무조건 피고인은 피해복구를 위하여 최선을 다하는 그 모습을 먼저 보이고 사정을 호소하고 선처를 호소하여야 효과적입니다.

 피고인이 피해복구를 위하여 최선을 다하는 정황은 양형에 중요한 자료가 됩니다. 피해복구를 위한 노력은 진정성 있게 최선을 다한 그 모습을 의견서를 통하여 담아내야 효과적입니다.

 피해복구는 돈으로만 하는 것은 아닙니다. 정성을 다하고 최선을 다한 그 모습으로 피해복구를 위한 노력을 보여주면 돈이 없어서 합의를 하지 못했다 하더라도 그 노력이 피해복구 이상으로 진지한 반성의 모습으로 인정되고 양형자료에 반영되기 때문입니다.

 잘못으로 인한 피해사실을 복구하려는 그 노력과 정황은 바로 진지한 반성의 모습과 다시는 이러한 범행을 저지르지 않겠다는 의지로 인정되어 재판장이 선처를 할 수 있는 담보가 되는 것입니다.

 의견서는 작성하는 사람에 따라 접근하는 빙식이 다르고 읽는 분에 따라 다를 수도 있지만 아무리 짧게 공소장 의견서를 작성하더라도 잘못을 뉘우치고 피해자에게 사죄하는 마음으로 반성하고 다시는 범행을 저지르지 않겠다는 그 모습만 보여주면 피고인의 마음을 재판장에게 담보한다면 얼마든지 선처를 받을 수 있습니다

(1)피고인 의견서 - 특수 상해죄 위험한 물건으로 머리를 때리려 하여 의자로 막은 것이므로 정당방위 무죄 주장 최신서식

의 견 서

사   건 : ○○○○고단○○○○호   특수상해
                  ○○○○형제○○○호

피 고 인 : ○   ○   ○

인천지방법원 형사 제1단독 귀중

의 　 견 　 서

사　　　건 ： ○○○○**고단**○○○○**호**　　**특수상해**
　　　　　　　 ○○○○**형제**○○○**호**
피　고　인 ： ○　　　　○　　　　○

　　이 의견서는 피고인의 진술권 보장과 공판절차의 원활한 진행을 위하여 제출하도록 하는 것입니다. 피고인은 다음 사항을 기재하여 이 양식을 송부 받은 날로부터 7일 이내에 법원에 제출하시기 바랍니다. 진술을 거부하는 경우에는 진술을 거부한다는 내용을 기재하여 제출할 수 있습니다.

　　이 의견서는 피고인에 대한 양형자료로 사용될 수 있으니 양형에 참작할 유리한 내용이 있는 경우 빠짐없이 기재해 주시기 바랍니다.

1. 공소사실에 대한 의견

　　가. 공소사실의 인정 여부

　　　　(1) 공소사실을 모두 인정함(　　)

　　　　(2) 세부적으로 약간 다른 부분은 있지만 전체적으로 잘못을 인정함(　　)

　　　　(3) 여러 개의 공소사실 중 일부만 인정함(　　)

　　　　(4) 공소사실을 인정할 수 없음(○)

　　　　(5) 진술을 거부함(　　)

　　나. 공소사실을 인정하지 않거나{1의 가. (3), (4) 중 어느 하나를 선택한 경우}, 사실과 다른 부분이 있다고 하는 경우{1의 가. (2)를 선택한 경우},

그 이유를 구체적으로 밝혀 주시기 바랍니다.

(가) 이 사건의 경위

(1) 1.피고인 2.피고인은 ○○대학 동창생으로서, 대학교 다닐 때에도 알고는 있었지만 별다른 교류가 없다가 6~7년 전부터 다른 동기들과 골프모임을 함께 하면서 친하게 지냈습니다.

(2) 1.피고인과 2.피고인은 위와 같이 골프모임을 하면서 교류하던 영문을 모르는 오해로 인한 갈등이 생겼으므로, 1.피고인이 2.피고인을 만나 대화로써 이를 해소할 마음을 먹고 1.피고인이 밥을 사겠다면서 2.피고인을 만나 몇몇 친구들에게 연락을 하여 ○○○○. ○○. ○○.점심때 인천시 ○○구 ○○, 소재에 있는 '○○○' 이라는 음식점에서 모이기로 약속을 하였습니다.

(3) 1.피고인은 ○○○○. ○○. ○○. 같은 동ckd생인 임○식과 함께 약간 늦게 약속장소에 도착하였는데, 2.피고인과 김○수, 장○창 등이 먼저 와 있었는데 2.피고인과 장○창이 무슨 일인지를 모르겠지만 서로 다투면서 2.피고인이 ○창을 향하여 공격하고 있었습니다.

(4) 1.피고인이 약속장소에 도착한 후 2.피고인 박○호와 같이 다투던 장○창은 속이 상한 탓인지 식사를 못하겠다며 밖으로 나가는 바람에 옆에 있는 '○○커피숍' 에서 기다리라고 하고, 1.피고인과 2.피고인, 임○식과 김○수의 4인은 점심식사를 마친 다음 장○창이 기다리는 ○○커피숍으로 갔습니다.

(5) 1.피고인과 2.피고인 그리고 임○식과 김○수가 들어간 위 ○○커피숍은 매장 안쪽에 테라스가 설치되어 있었는데, 장성창은 매장 안쪽에 있는 테라스의 테이블에 앉아 있었기 때문에 일행이 합류하여 모두 5명이 한 테이블에 앉았습니다.

(6) 1피고인은 2.피고인에게, '우리가 왜 이래야 하느냐' 면서 서로 감정이 있었다면 풀고 원만하게 전과 같이 잘 지내자고 말하였는데, 2.피고인은 갑자기 '너 이 새끼, 뭐하는 새끼냐' 라고 고함을

지르므로 1.피고인도 이에 맞서 목소리를 높이다 보니 서로 말싸움이 생겼습니다.

(7) 그러던 중 2.피고인이 옆에 있던 철제의자를 높이 들어 올리더니 1.피고인을 향하여 내리치려고 하여 1.피고인도 하는 수 없이 옆에 있던 소형 테이블을 들고 대응하다보니 몸싸움이 되었고, 옆에 있던 임○식이 싸움을 말리면서 2.피고인을 데리고 밖으로 나갔습니다.

(8) 1.피고인은 김○수, 장○창과 함께 그 의자에 앉아 있었는데, 2.피고인이 무엇인가 흉기로 보이는 물건(이하, '위험한 물건'이라고 줄여 쓰겠습니다)을 들고 뛰어 들어오더니, 1.피고인을 향하여 '너 같은 놈은 죽어야 한다, 죽여 버리겠다.'고 소리치면서 위험한 물건으로 1.피고인의 머리를 내려치려 하였고, 1.피고인은 황급히 앉아 있던 의자를 들고 대응하였는데 다시 2.피고인은 1.피고인의 얼굴과 머리를 향하여 위 위험한 물건을 던졌지만 1.피고인이 피하는 바람에 얼굴이나 머리에 맞지 않았습니다.

(9) 그 후 1.피고인과 2.피고인은 서로 몸을 붙잡고 밀치는 등 몸싸움을 하였는데, 2.피고인이 갑자기 옆 바닥에 떨어져 있던 위험한 물건을 다시 집어 들고 1.피고인의 머리 뒷부분을 내리쳐서 요치 3주의 경추의 염좌 및 긴장, 두피 열상을 가하였습니다.

(나) 이 사건 이후의 경위

(1) 1.피고인은 2.피고인이 위험한 물건으로 머리를 내리치는 범행으로 위와 같은 상해를 입고 ○○○병원 응급실로 후송되어 두피 열상 7cm 봉합시술 등 치료를 받은 후 퇴원하였습니다.

(2) 1.피고인은 위 부상으로 그 후에도 두통과 어지러움 증세가 지속되었고, 나중에 보니 피의자의 팔과 옆구리 등에는 여러 군데 멍든 자국이 있었고, 목 부분에도 통증이 있어 추가진료가 필요하였지만 코로나 검사를 마쳐야 하는 등 명절연휴가 겹쳐 진통제를 먹고 통증을 참으면서 용무를 처리하였습니다.

(3) 1.피고인은 명절연휴가 끝난 ○○○○. ○○. ○○. 코로나 검사를 마치고 그 다음날 ○○○병원에 입원하여 치료를 받고 ○○○○. ○○. ○○.오후 퇴원하였습니다.

(다) 1.피고인의 행위에 대하여

(1) 1.피고인은 위와 같이 2.피고인과 말싸움을 하던 중 2.피고인이 갑자기 일어나 양손으로 철제의자를 높이 들어 올려 피의자를 내리치려고 하므로 1.피고인은 2.피고인의 느닷없는 공격에 대응하여 스스로를 방위하려고 소형 테이블을 들었던 것이고, 같은 동창생인 임○식이 싸움을 말리면서 2.피고인을 데리고 밖으로 나갔으므로 1.피고인은 김○수 등과 그 자리에 그대로 앉아 있었는데 2.피고인이 위험한 물건을 소지하고 뛰어 들어와 '너 같은 놈은 죽어야 한다, 죽여 버리겠다.' 고 소리치면서 1.피고인의 머리를 내려치려고 하므로 그 공격을 방위하고자 1.피고인이 앉아 있던 의자를 들어 올려 대응하였을 뿐 2.피고인을 공격하려는 것은 아니었습니다.

(2) 형법 제21조(정당방위) 제1항은, '자기 또는 타인의 법익에 대한 현재의 부당한 침해를 방위하기 위한 행위는 상당한 이유가 있는 때에는 벌하지 아니한다.' 라고 규정하고 있는 한편, 정당방위가 성립하려면 침해행위에 의하여 침해되는 법익의 종류, 정도, 침해의 방법, 침해행위의 완급과 방위행위에 의하여 침해될 법익의 종류, 정도 등 일체의 구체적 사정들을 참작하여 방위행위가 사회적으로 상당한 것이어야 한다는 대법원 판결(대법원 1992. 12. 22. 선고 92도2540 판결 참조)이나 가해자의 행위가 피해자의 부당한 공격을 방위하기 위한 것이라기보다는 서로 공격할 의사로 싸우다가 먼저 공격을 받고 이에 대항하여 가해하게 된 것이라고 봄이 상당한 경우, 그 가해행위는 방어행위인 동시에 공격행위의 성격을 가지므로 정당방위라고 볼 수 없다는 대법원 판결(대법원 2004. 6. 25. 선고 2003도4934 판결 참조)에 비추어 볼 때, 1.피고인은 위와 같이 2.피고인으로부터 갑작스러운 공격

을 받고, 그 공격을 방위하고자 대응하였던 것이지 서로 공격할 의사로 싸우다가 먼저 공격을 받고 이에 대항하여 가해하게 된 것이 아니었으므로, 1.피고인의 행위는 형법 제21조 소정의 정당방위에 해당한다고 보아야 할 것입니다.

(라) 2.피고인의 범행에 관하여

(1) 1.피고인은 이 사건 당시 2.피고인이 범행에 사용한 물건이 무엇인가 몰랐지만, 가로와 세로가 15cm, 길이가 40cm 가량의 검은색인 철제 물건으로 파악하고 머리를 잘못 맞으면 죽을 수도 있겠다는 생각으로 공포심에 휩싸인 상태에서 필사적으로 대응하였습니다.

(2) 2.피고인이 범행에 사용한 물건은 나중에 알고 보니 플라스틱 재질인 육면체의 조명등(실외 등)이었지만, 그 재질이 단단하고 육면체의 모서리가 철제 못지않게 날카롭기 때문에 만약 위 물건으로 피의자의 두정부 급소라도 정확하게 맞았더라면 그 생사를 장담할 수는 없었을 것입니다.

(3) 특히, 2.피고인은 범행일 이전 1.피고인에게 '내 성질 건들면 같이 죽는게 답이라는 걸 알아라.', '나 곧 너 찾아갈 것 같다. 근데 열받아 간다. 나 개좆같다는 (것) 알거다.' 라고 문자메시지를 보낸 사실이 있었고, 범행 당시에도 '너 같은 놈은 죽어야 한다, 죽여버리겠다. ' 고 소리치면서 위험한 물건으로 피의자의 머리만을 공격하였던 점 및 당시 1.피고인이 2.피고인의 눈빛에서 강한 살기를 느낀 점에 비추어 볼 때 2.피고인에게는 2피고인을 살해하려는 의사가 있었다고 볼 수밖에 없을 것입니다.

(4) 나아가, 2.피고인이 나사못으로 단단하게 고정되어 있던 조명등을 억지로 떼어내 뛰어 들어왔던 점만 보더라도 2.피고인의 고의를 엿볼 수 있을 것인 바, 2.피고인은 경찰에서 사법경찰관 면전에서 범행에 사용한 위험한 물건은 커피숍 데크 바닥에 떨어져 있던 것을 주웠다고 변명한다지만, 데크에 나사못으로 견고하게 설치한 조명등(실외 등)이 바닥에 떨어져 있을 까닭이 없을 뿐만 아니라

위 조명등의 나사못은 녹슬지 않고 깨끗한 점에 비추어 볼 때 2.피고인이 1.피고인을 죽이려고 조명등을 억지로 떼어낸 것임이 명백할 것입니다.

(5) 2.피고인의 범행 당시 1.피고인이 그 공격에 대응하여 스스로를 방위하였고, 같은 동창생 임○식 등 주위 사람들이 제지하는 바람에 1.피고인은 위와 같은 부상을 당하였을 뿐 더 큰 부상은 없었지만, 만일 그 주위에 주방식도와 같이 보다 치명적인 흉기가 있었더라면 어떤 일이 있었을지 알 수가 없었을 뿐만 아니라 처음에는 위험한 물건으로 1.피고인의 머리를 내리치려고 하였다가 1.피고인이 옆에 있던 의자를 들고 대응하자 1.피고인의 머리를 향하여 위험한 물건을 던져 1.피고인의 몸통부분을 맞게 하였는데, 그 뒤에 다시 바닥에 떨어져 있는 그 위험한 물건을 다시 집어 들고 하필이면 치명적 급소인 머리를 타격하였던 점이나 조명등인 위 물건의 유리창 등이 깨어질 만큼 강력하게 내리쳤던 점 등을 종합하면 2.피고인은 살해의 고의를 충분히 인정할 수 있을 것입니다.

2. 절차진행에 대한 의견

가. 이 사건 이외에 현재 재판진행 중이거나 수사 중인 다른 사건이 있다면, 해당 수사기관이나 법원과 그 사건명, 당사자 명을 기재하여 주시기 바랍니다.

○ 없습니다.

나. 이 사건 재판을 진행하기 전에 법원에 이야기하고 싶은 특별한 사정이 있습니까?

○ 1.피고인은 ○○○병원에서 퇴원 후 ○○경찰서에서 2.피고인을 특수상해 및 살인미수로 고소한 이 사건 고소보충진술을 하면서 사법경찰관이 ○○커피숍에는 CCTV가 설치되어 있었고 그 CCTV는 공교롭게도 2.피고인이 위험한 물건을 밖에서 뛰어 들어오는 모습과 1.피고인을 향하여 머리를 내치는 모습이나 이에 1.피고인이 머리를 맞지 않으려고

방어하기 위해 의자를 들어 방어하는 모습이 고스란히 담겨 있었고 이 사건 사고현장에는 같은 동창생 김○수, 장○창, 임○식이 목격하였음에도 불구하고 사법경찰관은 CCTV를 비롯하여 목격자를 상대로 철저한 보완수사를 다 하지 않고 2.피고인이 CCTV과 다른 사실관계와 부합되지 않는 둘러대는 진술만으로 1.피고인의 위와 같은 피해사실로 2.피고인에게 특수상해죄를 입힌 것이라며 쌍방 기소한 잘못이 있습니다.

○ 1.피고인은 앞에서 말씀드린 바와 같이 2.피고인에게 의자를 휘둘러 상해를 입힌 것이 아니라 CCTV나 목격한 동창생들도 목격한 바와 같이 2.피고인이 위와 같은 위험한 물건으로 머리를 향해 내리치는 것을 의자를 들어 막은 것이고 CCTV에도 나와 있듯이 2.피고인이 위험한 물건을 1.피고인의 머리를 향해 내리칠 때 의자를 들어 막자 2.피고인이 1.피고인을 향해 위험한 물건을 던졌는데 1.피고인이 피하자 다시 2.피고인이 위험을 물건으로 머리를 내리쳤던 것으로 고스란히 밝혀지고 있습니다.

○ ○○○커피숍에 설치한 CCTV와 사실관계를 바로잡기 위하여 목격자 동창생 사고현장에 있었던 김○수, 장○창, 임○식 전원을 증인으로 신청하겠습니다.

○ 1.피고인은 잘못한 것이 전혀 없습니다.

다. 이 사건 재판의 절차 진행에 있어, 법원에서 참작해 주기를 바라는 사항이 있으면, 구체적으로 밝혀 주시기 바랍니다.

○ 본건 공소사실에 대하여 검찰제출의 증거사용 중에서 1.피고인이 의자를 휘둘러 2.피고인에게 상해를 입혔다는 부분에 대한 동의하지 않겠습니다.

3. 성행 및 환경에 관한 의견

가. 가족관계

(1) 가족사항 (사실상의 부부나 자녀도 기재하며 중한 질병 또는 장애가 있는 등 특별한 사정은 비고란에 기재)

관계	성 명	나이	학력	직업	동거여부	비 고
본인	○○○	○○	대졸	○○○	○	
처	○○○	○○	대졸	○○	○	
자	○○○	○○	대졸	회사원	○	
녀	○○○	○○	대졸	회사원	○	

○ 1.피고인은 주식회사를 설립하여 운영하고 있습니다.

(2) 주거사항

　　○ 처 ○○○ 소유(시가 : ○○○,○○○,○○○원 정도)

　　○ 전세(보증금 : 　　　　원)

　　○ 월세(보증금 : 　　　　원)

　　○ 기타(무상거주 : 　　　　원)

　　※ 1.피고인이 거주하는 위 아파트는 처 ○○○의 명의로 되어 있고 1.피고인과 처 ○○○ 자 ○○○이 거주하고 있습니다.

(3) 가족의 수입

　　○ 1.피고인은 법인에서 매월 지급받는 월 ○○○여만 원의 수입으로 전 가족이 생활하고 있습니다.

나. 1.피고인의 학력·직업 및 경력

(1) 1.피고인의 학력

　　○ 1.피고인은 ○○○○. ○○.경 ○○대학교를 졸업하였습니다.

○ 1.피고인은 ○○○○. ○○. ○○.소위로 임관하여 ○○○○. ○○. ○○. ○○로 제대하였습니다.

(2) 과거의 직업, 경력

○ 1피고인은 ○○○○. ○○.경부터 ○○○○. ○○.까지 부동산임대업을 운영하였습니다.

○ 1.피고인은 ○○○○. ○○.부터 현재까지 주식회사를 설립하여 운영하고 있습니다.

(3) 현재의 직업 및 월수입, 생계유지 방법

○ 1.피고인은 운영하고 있는 법인으로부터 매월 약 ○○○만 원의 급료의 수입으로 생계를 유지하고 있습니다.

(4) 향후 취직을 하거나 직업을 바꿀 계획 유무 및 그 내용, 자격증 등 소지 여부

○ 없습니다.

다. 성장과정 및 생활환경 (부모나 형제와의 관계, 본인의 결혼생활, 학교생활, 교우관계, 성장환경, 취미, 특기, 과거의 선행 등을 기재)

○ 1.피고인의 성격은 어려서부터 차분하면서도 활발하며 항상 남에게 베풀고 싶은 성격을 가지고 있습니다.

○ 항상 힘든 분들을 위해 봉사한다는 생각으로 매사 적극적으로 추진해 내려는 성격도 함께 가지고 있습니다.

○ 특히 주변 분들과 운동을 하는 등 건강은 매우 양호하고 학교생활에서도 특히 친구들과 정말 사이좋게 지내는 성격이라 친구들이 주변에 상당히 많은 편이고 지금도 친구들을 피고인이 운영하는 회사에 와서 함께 지내다 돌아갈 정도로 돈독하게 좋은 교류를 하고 있습니다.

○ 피고인은 틈틈이 봉사활동을 해오고 있고 작은 금액이지만 성의껏 소

외계층을 위해 꾸준히 기부 하고 있습니다.

라. 1.피고인 자신이 생각하는 자기의 성격과 장·단점

○ 1.피고인은 원래부터 어른들이 항상 차분한 성격을 지니고 있다고 하
지만 매사에 적극적인 의지까지 겸비하고 있다고 자부할 수 있습니다.

4. 정상에 관한 의견(공소사실을 인정하지 않는 경우 기재하지 않아도 됨)

가. 범행을 한 이유

○ 1.피고인은 범행을 하지 않았습니다.

○ 2.피고인이 위험한 물건을 ○○○커피숍 밖에 어디에서 조명 등을 나
사가 박혀있는 채로 뽑아가지고 뛰어 들어와 1.피고인의 머리를 향해
내리치는 것을 방어하기 위해서 1.피고인이 앉아 있던 그 의자를 들어
막은 것뿐입니다.

○ 1.피고인은 앞에서도 누차에 말씀드렸다시피 결코 앉아있던 의자를 들
어 2.피고인이 위험한 물건으로 내리치는 것을 막은 것이지 2.피고인
에게 상해를 입힌 사실은 없습니다.

나. 피해자와의 관계

○ 2.피고인은 같은 1피고인과 ○○대학교 동창생입니다.

다. 합의 여부(미합의인 경우 합의 전망, 합의를 위한 노력 및 진행상황)

○ 없습니다.

○ 오히려 1.피고인이 2.피고인에게 합의를 해주지 않고 있습니다.

○ 2.피고인은 공탁을 걸면 아무것도 아니라며 큰 소리를 치고 다니고 있
는 모습을 보고 피해자의 입장에서 1.피고인이 쌍방기소 된 것이 너무
나 억울합니다.

라. 범행 후 피고인의 생활

　　○ 1.피고인은 없습니다.

마. 현재 질병이나 신체장애 여부

　　○ 건강은 양호한 편입니다.

바. 억울하다고 생각되는 사정이나 애로사항

　　○ 2.피고인의 범행 당시 1.피고인이 그 공격에 대응하여 스스로를 방위하였고, 같은 동창생 임○식 등 주위 사람들이 제지하는 바람에 1.피고인이 위와 같은 부상을 당하였을 뿐 더 큰 부상은 없었지만, 만일 커피숍 안이나 그 주위에 주방식도와 같이 보다 치명적인 흉기가 2.피고인에게 발견되었더라면 어떤 일이 있었을지 알 수가 없었을 뿐만 아니라 처음에는 위험한 물건으로 1.피고인의 머리를 내리치려고 하였다가 1피고인이 의자를 들고 대응하자 2.피고인은 1피고인의 머리를 향하여 위 위험한 물건을 던져 1피고인의 몸통부분을 맞게 하였고, 그 뒤에 다시 바닥에 떨어져 있는 위 위험한 물건을 다시 집어 들고 1피고인의 치명적 급소인 머리를 타격하였던 것인데 1.피고인이 오히려 의자로 2.피고인에게 상해를 입혔다는 이 사건 공소사실은 한마디로 주객이 전도되었습니다.

　　○ 1.피고인은 아무런 잘못이 없습니다. 2.피고인이 1.피고인을 향하여 집어 던진 위험한 물건을 피하기 위해서 의자를 들어 막은 것뿐인데 위험한 물건에 1.피고인이 맞지 않자 2.피고인은 위험한 물건을 다시 집어 들고 1.피고인의 머리를 향하여 내리치는 바람에 의식을 잃고 쓰려져 대대적인 봉합수술을 받은 피해자에게 공동상해라는 처벌의 잣대를 들이대는 것은 억울합니다.

사. 그 외형을 정함에 있어서 고려할 사항

　　○ 이 사건의 경우 1.피고인은 2.피고인이 위험한 물건을 머리를 향하여

집어 던지는 것을 막기 위해서 1.피고인이 앉아 있던 의자로 막은 것 뿐이므로 형법 제21조(정당방위) 제1항은, '자기 또는 타인의 법익에 대한 현재의 부당한 침해를 방위하기 위한 행위는 상당한 이유가 있는 때에는 벌하지 아니한다.' 라고 규정하고 있는 한편, 정당방위가 성립하려면 침해행위에 의하여 침해되는 법익의 종류, 정도, 침해의 방법, 침해행위의 완급과 방위행위에 의하여 침해될 법익의 종류, 정도 등 일체의 구체적 사정들을 참작하여 방위행위가 사회적으로 상당한 것이어야 한다는 대법원 판결(대법원 1992. 12. 22. 선고 92도 2540 판결 참조)이나 가해자의 행위가 피해자의 부당한 공격을 방위하기 위한 것이라기보다는 서로 공격할 의사로 싸우다가 먼저 공격을 받고 이에 대항하여 가해하게 된 것이라고 봄이 상당한 경우, 그 가해행위는 방어행위인 동시에 공격행위의 성격을 가지므로 정당방위라고 볼 수 없다는 대법원 판결(대법원 2004. 6. 25. 선고 2003도4934 판결 참조)에 비추어 볼 때, 1.피고인은 위와 같이 2.피고인으로부터 갑작스러운 공격을 받고, 그 공격을 방위하고자 대응하였던 것이지 서로 공격할 의사로 싸우다가 먼저 공격을 받고 이에 대항하여 가해하게 된 것이 아니었으므로, 1.피고인의 행위는 형법 제21조 소정의 정당방위에 해당한다고 보아야 할 것입니다.

○ 피고인에게는 그 어떤 범죄전력은 없습니다.

5. 양형을 위하여 조사해 주기를 바라는 사항

가. 피고인의 부모, 형제, 친척, 친구 등 양형조사를 해주기 바라는 사람의 이름과 연락처를 구체적으로 기재

○ 없습니다.

나. 피고인의 양형을 위하여 유리한 문서, 서류 기타 관련 증거 등에 관하여 구체적으로(소재지 등) 기재

○ 없습니다.

6. 법원조사관의 면담을 원하는지 여부

법원조사관을 면담하여 양형에 관한 사실 및 의견에 관하여 도움을 받고 싶은 가요?

(1) 원한다(　　　)

(2) 원하지 않는다(○)

(3) 기타(　　　)

○○○○ 년 ○○ 월 ○○ 일

위 1.피고인 : ○　○　○　　(인)

인천지방법원 형사 제1단독 귀중

(2)피의자 의견서 - 특수폭행 공격을 막기 위해 의자를 들고 대응하여 정당방위라는 사실을
검사에게 주장하는 피의자 의견서

의 견 서

사 건 번 호 : ○○○○형제○○○○호 특수폭행

피 의 자 : ○   ○   ○

○○○○ 년 ○○ 월 ○○ 일

위 피의자 : ○ ○ ○ (인)

수원지방검찰청 평택지청 귀중

의 견 서

사 건 번 호 : ○○○○형제○○○○호 특수폭행

피 의 자 : ○   ○   ○

 위 사건에 관하여 피의자는 다음과 같이 의견서를 제출하오니 깊이 통찰하여 주시기 바랍니다.

- 다 음 -

1. 사건의 경위

가. 사건의 배경

(1) 피의자와 상피해자 박○호는 학생군사교육단(ROTC) ○○기 동기로서, 대학교 다닐 때에도 알고는 있었지만 별다른 교류가 없다가 6~7년 전부터 다른 동기들과 골프모임을 함께 하면서 친하게 지냈습니다.

(2) 피의자와 상피의자 박○호는 위와 같이 골프모임을 하면서 교류하던 중 오해로 인한 갈등이 생겼으므로, 피의자는 상피의자와 만나 대화로써 이를 해소할 마음을 먹고 피의자가 밥을 사겠다면서 상피의자와 만나 몇몇 친구들에게 연락을 하여 ○○○○. ○○. ○○.점심때 경기도 안성시 ○○로에 있는 '사계절' 이라는 음식점에서 모이기로 약속을 하였습니다.

(3) 피의자는 ○○○○. ○○. ○○. 같은 동기생인 임○식과 함께 20여분 늦게 약속장소에 도착하였는데, 상피의자 박○호와 김○수, 장○창 등

3명이 먼저 와 있었고, 상피의자와 장○창이 서로 다투고 있었는데, 무슨 일인지 상피의자가 장○창을 공격하고 있었습니다.

(4) 피의자가 도착한 후 상피의자 박○호와 다투던 장○창은 속이 상한 탓인지 식사를 하지 않겠다면서 밖으로 나가버리므로, 옆에 있는 '커피방아 커피숍'에서 기다리라고 하였고, 피의자와 상피의자, 안○식과 김○수의 4인은 점심식사를 마친 다음 장○창이 기다리는 커피숍으로 갔습니다.

나. 사건의 경위

(1) 피의자와 상피의자 박○호 등이 들어간 위 커피숍은 매장 안쪽에 테라스가 있었는데, 장○창은 매장 안쪽에 있는 테라스의 테이블에 앉아 있었으므로 일행이 합류하여 5명이 같은 테이블에 앉았습니다.

(2) 피의자는 상피의자 박○호에게, '우리가 왜 이래야 하느냐' 면서 서로 감정을 풀고 원만히 지내자는 취지로 말하였는데, 상피의자 박○호는 '너 이 새끼, 뭐하는 새끼냐' 라고 고함을 지르므로 피의자도 이에 맞서 목소리를 높이다 보니 서로 말싸움이 되었습니다.

(3) 그러던 중 상피의자 박○호가 양손으로 철제의자를 높이 들어 올려 피의자를 내리치려고 하므로 피의자도 소형 테이블을 들고 대응하다 보니 몸싸움이 되었고, 옆에 있던 임○식이 싸움을 말리면서 상피의자를 데리고 밖으로 나갔습니다.

(4) 피의자는 김○수, 장○창과 함께 의자에 앉아 있었는데, 상피의자 박○호가 무엇인가 흉기로 보이는 물건(이하, '위험한 물건' 이라고 줄여 쓰겠습니다)을 들고 오더니, '너 같은 놈은 죽어야 한다, 죽여 버리겠다.' 고 소리치면서 위험한 물건으로 피의자의 머리를 내려치려 하였고, 이에 피의자가 황급히 의자를 들고 대응하자 상피의자가 피의자의 얼굴과 머리를 향하여 위 물건을 던졌지만 피의자가 피하여 얼굴이나 머리에 맞지 않았습니다.

(5) 그 후 피의자와 상피의자 박○호가 서로 붙잡고 밀치는 등 몸싸움을 하였는데, 상피의자 박○호는 바닥에 떨어져 있던 위험한 물건을 다시 집어 들고 피의자의 머리 뒷부분을 내리쳐서 요치 3주의 경추의 염좌 및 긴장, 두피 열상을 가하였습니다.

다. 그 후의 경위

(1) 피의자는 상피의자 박○호의 범행으로 위와 같은 상해를 입고 ○○병 원 응급실로 후송되어 두피 열상 7cm 봉합시술 등 치료를 받은 후 퇴원하였습니다.

(2) 피의자는 그 후에도 두통과 어지러움 증세가 지속되었고, 나중에 보 니 피의자의 팔과 옆구리 등에는 여러 군데 멍든 자국이 있었고, 목 부분에도 통증이 있어 추가진료가 필요하였지만 코로나 검사를 마쳐 야 하는 등 진통제를 먹고 통증을 참으면서 용무를 처리하였습니다.

(3) 피의자는 코로나 검사가 끝난 후인 ○○○○. ○○. ○○. ○○병원에 입 원하여 치료를 받고 같은 ○○○○. ○○. ○○.오후 퇴원하였습니다.

2. 피의자의 행위에 관하여

(1) 피의자는 위와 같이 상피의자 박○호와 말싸움을 하던 중 상피의자가 갑자기 일어나 양손으로 철제의자를 높이 들어 올려 피의자를 내리치 려고 하므로 피의자는 상피의자의 공격에 대응하여 스스로를 방위하려 고 소형 테이블을 들었던 것이고, 같은 동기생인 임○식이 싸움을 말리 면서 상피의자를 데리고 밖으로 나갔으므로 피의자는 김○수 등과 그 자리에 앉아 있을 때 상피의자 박○호가 위험한 물건을 소지하고 들어 오면서 '너 같은 놈은 죽어야 한다, 죽여 버리겠다.' 고 소리치면서 피 의자의 머리를 내려치려고 하므로 그 공격을 방위하고자 피의자가 앉 아 있던 의자를 들어 올려 대응하였을 뿐 상피의자를 공격하려는 것은 아니었습니다.

(2) 형법 제21조(정당방위) 제1항은, '자기 또는 타인의 법익에 대한 현재의 부당한 침해를 방위하기 위한 행위는 상당한 이유가 있는 때에는 벌하지 아니한다.' 라고 규정하고 있는 한편, 정당방위가 성립하려면 침해행위에 의하여 침해되는 법익의 종류, 정도, 침해의 방법, 침해행위의 완급과 방위행위에 의하여 침해될 법익의 종류, 정도 등 일체의 구체적 사정들을 참작하여 방위행위가 사회적으로 상당한 것이어야 한다는 대법원 판결(대법원 1992. 12. 22. 선고 92도2540 판결 참조)이나 가해자의 행위가 피해자의 부당한 공격을 방위하기 위한 것이라기보다는 서로 공격할 의사로 싸우다가 먼저 공격을 받고 이에 대항하여 가해하게 된 것이라고 봄이 상당한 경우, 그 가해행위는 방어행위인 동시에 공격행위의 성격을 가지므로 정당방위라고 볼 수 없다는 대법원 판결(대법원 2004. 6. 25. 선고 2003도4934 판결 참조)에 비추어 볼 때, 피의자는 위와 같이 상피의자 박○호로부터 갑작스러운 공격을 받고, 그 공격을 방위하고자 대응하였던 것이지 서로 공격할 의사로 싸우다가 먼저 공격을 받고 이에 대항하여 가해하게 된 것이 아니었으므로, 피의자의 행위는 형법 제21조 소정의 정당방위에 해당한다고 보아야 할 것입니다.

3. 박○호의 범행에 관하여

(1) 피의자는 이 사건 당시 상피의자 박○호가 범행에 사용한 물건이 무엇인가 몰랐지만, 가로와 세로가 15cm, 길이가 40cm 가량의 검은색인 철제 물건으로 파악하고 머리를 잘못 맞으면 죽을 수도 있겠다는 생각 아래 공포심에 휩싸인 상태에서 필사적으로 대응하였습니다.

(2) 상피의자 박○호가 범행에 사용한 물건은 나중에 알고 보니 플라스틱 재질인 육면체의 조명등(실외 등)이었지만, 그 재질이 단단하고 육면체의 모서리가 철제 못지않게 날카롭기 때문에 만약 위 물건으로 피의자의 두정부 급소라도 정확하게 맞았더라면 그 생사를 장담할 수는 없었을 것입니다.

(3) 특히, 상피의자 박○호는 범행일 이전 피의자에게 '내 성질 건들면 같이 죽는게 답이라는 걸 알아라.', '나 곧 너 찾아갈 것 같다. 근데 열받아 간다. 나 개좃같다는 (것) 알거다.'라고 문자메시지를 보낸 사실이 있었고, 범행 당시에도 '너 같은 놈은 죽어야 한다, 죽여버리겠다. ' 고 소리 치면서 위험한 물건으로 피의자의 머리만을 공격하였던 점 및 당시 피의자가 상피의자 박○호의 눈빛에서 강한 살기를 느낀 점에 비추어 볼 때 상피의자 박○호에게는 피의자를 살해하려는 의사가 있었다고 볼 수밖에 없을 것입니다.

(4) 나아가, 상피의자 박○호가 나사못으로 단단하게 고정되어 있던 조명등을 억지로 떼어내 들고 왔던 점도 상피의자의 고의를 엿볼 수 있을 것인 바, 상피의자는 경찰에서 범행에 사용한 위험한 물건은 커피숍 데크 바닥에 떨어져 있던 것을 주웠다고 변명한다지만, 데크에 나사못으로 견고하게 설치한 조명등(실외 등)이 바닥에 떨어져 있을 까닭이 없을 뿐만 아니라 위 조명등의 나사못은 녹슬지 않고 깨끗한 점에 비추어 볼 때 상피의자가 억지로 조명등을 억시로 떼어낸 것임이 명백할 것입니다.

(5) 상피의자 박○호의 범행 당시 피의자가 그 공격에 대응하여 스스로를 방위하였고, 같은 동기생 임○식 등 주위 사람들이 제지하는 바람에 피의자가 위와 같은 부상을 당하였을 뿐 더 큰 부상은 없었지만, 만일 그 주위에 주방식도와 같이 보다 치명적인 흉기가 있었더라면 어떤 일이 있었을 지 알 수가 없었을 뿐만 아니라 처음에는 위험한 물건으로 피의자의 머리를 내리치려고 하였다가 피의자가 의자를 들고 대응하자 피의자의 머리를 향하여 위험한 물건을 던져 피의자의 몸통부분을 맞게 하였는데, 그 뒤에 다시 바닥에 떨어져 있는 그 위험한 물건을 다시 집어 들고 하필이면 치명적 급소인 머리를 타격하였던 점이나 조명등인 위 물건의 유리창 등이 깨어질 만큼 강력하게 내리쳤던 점 등을 종합하면 살해의 고의를 충분히 인정할 수 있을 것입니다.

소명자료 및 첨부서류

1. 증 제3호 문자메시지   1부

○○○○ 년 ○○ 월 ○○ 일

위 피의자 : ○ ○ ○   (인)

수원지방검찰청 평택지청 귀중

(3)고소인 의견서 - 고소인이 피의자의 범행의 전모를 구체적으로 밝히고 무거운 처벌을 해
　　　　　　　 달라는 고소인 의견서

고소인 의견서

사 건 번 호 : ○○○○형제○○○○호 살인미수 등

고　 소　 인 : ○　 ○　 　 ○

피 고 소 인 : ○　 ○　 　 ○

○○○○ 년 ○○ 월 ○○ 일

위 고소인 : ○ ○ ○　 (인)

경기도 안성경찰서장 귀중

고소인 의견서

사 건 번 호 : ○○○○형제○○○○호 살인미수 등
고　소　인 : ○　　○　　　○
피 고 소 인 : ○　　○　　　○

　위 사건에 관하여 고소인은 다음과 같이 의견서를 제출하오니 깊이 통찰하여 주시기 바랍니다.

- 다　음 -

1. 사건의 경위

　가. 사건의 배경

　　(1) 고소인과 피고소인은 학생군사교육단(ROTC)○○기 동기로서 학교에 다닐 때에도 알고는 있었지만 별다른 교류는 없다가 6-7년 전부터는 다른 동기들과 골프모임을 함께 하면서 자주 교류하였습니다.

　　(2) 고소인과 피고소인은 위와 같이 골프모임을 하면서 교류하던 중 서로 간의 약간의 오해와 갈등이 생겨 불편하였으므로, 고소인은 피고소인과 만나 대화로써 이를 해소할 마음을 먹고 고소인이 밥을 사겠다면서 까지 피고소인 등 몇몇 친구들에게 연락을 하여 ○○○○. ○○. ○○.점심때 경기도 안성시 ○○로에 있는 '○○○' 이라는 음식점에서 모이기로 하였습니다.

　　(3) 고소인은 ○○○○. ○○. ○○.임○식과 함께 ○○여분 늦게 약속장소

에 도착하여 보니 피고소인과 김○수, 장○창의 3인이 먼저 와 있었고, 피고소인과 장○창이 서로 다투고 있었는데, 무슨 일인지 피고소인이 장○창을 공격하고 있었습니다.

(4) 고소인이 도착한 후 장○창은 피고소인과 다투다가 속이 상해서인지 식사를 하지 않겠다면서 밖으로 나가므로 옆에 있는 ○○이라는 커피숍에서 기다리라고 하였고, 고소인과 피고소인, 임○식과 김○수의 4인은 점심식사를 마친 다음 장○창이 기다리는 커피숍으로 갔습니다.

나. 사건의 경위

(1) 고소인과 피고소인 등이 들어간 위 커피숍은 매장 안쪽에 테라스가 있었는데, 장○창은 매장 안쪽에 있는 테라스의 테이블에 앉아 있었으므로 일행이 합류하여 5명이 같은 테이블에 앉았습니다.

(2) 고소인은 피고소인에게, '우리가 왜 이래야 하느냐' 면서 서로 감정을 풀고 원만히 지내자는 취지로 말하였습니다. 그러나 피고소인은 고소인에게 '너 이 새끼, 뭐하는 새끼냐' 고 고함을 지르므로 고소인도 이에 맞서 목소리를 높이다 보니 서로 말싸움이 되었는데, 말싸움을 하던 중 피고소인이 양손으로 철제의자를 높이 들어 올려 고소인을 내려치려고 하여 고소인도 소형 테이블을 들고 대응하는 등 몸싸움이 되자 옆에 있던 임○식이 싸움을 말리면서 피고소인을 데리고 밖으로 나갔습니다.

(3) 그 후 고소인은 김○수, 장○창과 함께 의자에 앉아 있는데, 피고소인이 무엇인가 흉기로 보이는 검은색 물건(이하, 위험한 물건이라고 합니다)을 들고 오더니 '너 같은 놈은 죽어야 한다, 죽여 버리겠다.' 고 소리치면서 위험한 물건으로 고소인의 머리를 내려치려다가 고소인이 의자를 들고 대응하자 고소인의 얼굴과 머리를 향하여 위 물건을 던졌지만 고소인이 피하여 얼굴이나 머리에 맞지 않았습니다.

(4) 그 후 고소인과 피고소인이 서로 붙잡고 밀치는 등 몸싸움을 하게 되었는데, 피고소인은 바닥에 떨어져 있던 위험한 물건을 다시 들고 고

소인의 머리 윗부분을 내리쳐서 치료일수 미상의 두피 열상 등을 입게 하였습니다.

다. 그 후의 경위

(1) 고소인은 피고소인의 범행으로 위와 같은 상해를 입고 인근 ○○병원 응급실로 후송되어 두피 열상 7cm 봉합시술 등 치료를 받은 후 퇴원하였습니다.

(2) 고소인은 그 후에도 두통과 어지러움 증세가 지속되었고, 나중에 보니 고소인의 팔과 옆구리 등에는 여러 군데 멍 등 자국이 있었고, 목 부분에도 통증이 있어 추가 진료가 필요하였지만 코로나 검사를 하여야 입원을 할 수 있는 관계로 진통제를 먹고 통증을 참으면서 코로나 검사를 받은 후 그 다음날인 같은 ○○○○. ○○. ○○. ○○병원에 입원하여 진료받고 같은 ○○○○. ○○. ○○.오후 퇴원하였습니다.

2. 피고소인의 범행

(1) 고소인은 이 사건 당시 피고소인이 범행에 사용한 물건이 무엇인가를 정확하게 몰랐지만, 가로와 세로가 15cm, 길이가 40cm 가량의 검은색 철제 물건으로 머리를 잘못 맞으면 죽을 수도 있겠다는 생각 아래 공포심에 휩싸인 상태에서 필사적으로 대응하였습니다.

(2) 그런데, 피고소인이 범행에 사용한 물건은 나중에 알고 보니 플라스틱 재질인 육면체의 조명등(실외 등)이었지만 재질이 단단하고 육면체의 모서리가 철제 못지않게 날카롭기 때문에 만약 위 물건으로 고소인의 두정부 급소라도 정확하게 맞았더라면 그 생사를 장담할 수는 없었을 것입니다.

(3) 특히, 피고소인은 범행일 이전 고소인에게 '내 성질 건들면 같이 죽는게 답이라는 걸 알아라.', '나 곧 너 찾아갈 것 같다. 근데 열받아 간다. 나 개좆같다는 (것) 알거다.' 라고 문자메시지를 보낸 사실도 있었고(증제3호 문자메시지 참조) 피고소인이 그 범행 당시 '너 같은 놈은 죽어야 한다,

죽여 버리겠다.' 고 소리치면서 위험한 물건으로 고소인의 머리만을 공격하였던 점 및 당시 고소인이 피고소인의 눈빛에서 강한 살기를 느낀 점에 비추어 볼 때 피고소인으로서는 고소인을 살해하려는 의사가 있었다고 볼 수밖에 없을 것입니다.

(4) 나아가, 피고소인이 나사못으로 단단하게 고정되어 있던 조명등을 억지로 떼어내 들고 왔는데, 만일 그 주위에 주방식도와 같은 보다 치명적인 흉기가 있었더라면 어떤 일이 있었을지 알 수가 없을 뿐만 아니라 처음에는 위험한 물건으로 고소인의 머리를 내려치려고 하였다가 고소인이 의자를 들고 대응하자 고소인의 머리를 향하여 위험한 물건을 던져 고소인의 몸통부분을 맞게 한 것에 그치지 아니하고 바닥에 떨어져 있는 위험한 물건을 다시 집어 들고 하필이면 치명적 급소인 고소인의 머리를 타격하였던 점이나 조명등인 위 물건의 유리창 등이 깨어질 만큼 강력하게 내리쳤던 점 등을 종합하면 살해의 고의를 충분히 인정할 수 있을 것입니다.

3. 결론

따라서 피소고인의 행위는 형법 제250조 제1항, 제254조 소정의 살인미수 및 형법 제258조의2 소정의 특수상해죄로 처벌받아야 마땅할 것입니다.

소명자료 및 첨부서류

1. 증 제3호 문자메시지   1부

○○○○ 년 ○○ 월 ○○ 일

위 고소인 : ○ ○ ○ (인)

경기도 안성경찰서장 귀중

(4)공소장 의견서 - 행정대집행 업무방해에 대한 경찰관은 정당한 업무수행자 아니므로 무죄를 선고해 달라는 의견서

의 견 서

사   건 : ○○○○고단○○○○호   공무집행방해

피   고   인 : ○   ○   ○

○○○○ 년 ○○ 월 ○○ 일

위 피고인 : ○   ○   ○   (인)

전주지방법원 형사○단독 귀중

의　　　견　　　서

사　　　　　　건 : ○○○○고단○○○○호　공무집행방해

피　고　인 : ○　　　○　　　○

위 사건에 관하여 피고인은 다음과 같이 의견을 개진합니다.

- 다 음 -

1. 이 사건 공소사실의 요지

본건 공소사실의 요지는

피고인은 전라북도 전주시 ○○구 ○○로 ○○길 재건축지역 주민이다.

전라북도 전주시청은 ○○○. ○○. ○○. ○○:○○경 전라북도 전주시 ○○로 ○○, 재건축조합 앞에 무단으로 설치된 천막을 철거하기 위해 철거요원 약 ○○명을 투입하여 행정대집행을 하였다. 이때 공무원들이 행정대집행에 들어가는 것을 목격한 피고인은 철거를 방해하기 위해 재건축조합 정문 첫 번째 설치된 천막 안으로 들어갔다.

전주시청의 병력지원 요청에 따라 행정대집행 현장에 나가있던 전라북도지방경찰청 기동대 소속 경위 ○○○은 동료 경찰관들과 함께 이를 보고 위 천막 안으로 들어가 피고인에게 행정대집행을 하려하니 나가주세요. 라고 말을 하였다. 그러나 피고인은 내가 앉아 있는데 왜 그러냐. 나 못나가겠다고 소리치며 그 자리에서 드러눕고 이를 본 위 경찰관이 피고인의 팔을 잡아 일으켜 세워주려고 하자. 위 경찰관을 향해 팔을 휘두르고 발길질을 하는 등 폭력을 행사하였다.

이로써 피고인은 공공의 안녕과 질서유지를 위한 위의 피해 경찰관의 정당한 공무집행을 방해하였다는데 있습니다.

2. 공무집행방해죄의 요건

형법 제136조가 규정하는 공무집행방해죄는 공무원의 직무집행이 적법한 경우에 한하여 성립하고, 여기서 적법한 공무집행은 그 행위가 공무원의 추상적 권한에 속할 뿐 아니라 구체적 직무집행에 관한 법률상요건과 방식을 갖춘 경우를 가리킵니다.(대법원 2011. 5. 28. 선고, 2011도3682 판결 등 참조)

가. 이 사건 공소사실에서 방해된 공무원의 직무

이 사건 공소사실에서 피고인이 방해하였다고 기재된 공무원의 직무는 이 사건 공소장 및 검찰이 ○○○○. ○○. ○○. 제출한 의견서의 기재에 의하면 경찰관의 현행범체포업무가 아니라 "공공의 안녕과 질서유지를 위한 피해 경찰관의 정당한 공무집행을 방해하였다고"라고 기재되어 있고, 검찰이 ○○○○. ○○. ○○. 제출한 의견서에는 경찰의 조치의 성격 및 근거로 "피고인을 밖으로 들어낸 본건 조치는 경찰관직무집행법 제5조 제2항(위험발생방지)에 따른 경찰행정상의 즉시강제에 해당"한다고 기재되어 있습니다.

결국 이 사건에서는 경찰관의 조치 또는 직무수행이 경찰관직무집행법 제2조 제6호에서 규정된 "기타 공공의 안녕과 질서유지"또는 경찰관직무집행법 제5조에 규정된 위험발생의 방지에 관한 법률상요건과 방식을 갖추었는지 여부를 판단하여야 할 것입니다.

3. 경찰관의 직무수행의 법률적 한계

위에서 본 바와 같이 공무집행방해죄는 공무원의 직무집행이 적법한 경우에 한하여 성립하고 여기서 적법한 공무집행은 그 행위가 공무원의 추상적 권한에 속할 뿐 아니라 구체적 직무집행에 관한 법률상요건과 방식을 갖추어야 합니다.

먼저 경찰은 기타 공공의 안녕과 질서유지도 직무로 하고 있고, 그 직무의 원활한 수행을 위하여 경찰관직무집행법, 형사소송법 등 관계법령에 의하여 여러 가지 권한이 부여되어 있으므로 구체적인 직무를 수행하는 경찰관으로서는 제반 상황에 대응하여 자신에게 부여된 여러 가지 권한을 적절하게 행사하여 필요한 조치를 취할 수 있는 것이고, 그러한 권한은 일반적으로 경찰관의 전문적 판단에 기한 합리적인 재량에 위임되어 있습니다.(대법원 2004. 9. 23. 선고 2003다49009 판결 등 참조)

위와 같은 법리에 의한다면 경찰관직무집행법 제2조 제6호에 규정된"기타 공공의 안녕과 질서유지"및 제2조 각 호에 규정된 사항은 경찰관의 수행할 수 있는 직무에 해당하고, 위와 같은 직무를 수행하기 위한 목적에 한정하여 경찰관이 경찰관직무집행법, 형사소송법 등 관계법령에 의하여 부여된 권한을 행사할 수 있다고 보아야 할 것이고, 경찰관이 경찰관직무집행법 제2조 각 호에 규정된 경찰관의 직무를 수행하기 위한 목적이 있다고 하더라도 경찰관직무집행법, 형사소송법 등 관계법령에 의하여 부여된 권한 이외의 행위는 할 수 없거나 또는 할 수 있다고 하더라도 매우 제한적입니다.

특히 경찰관직무집행법 제3조 내지 제8조에 경찰관의 불심검문, 보호조치, 위험발생의 방지, 범죄의 예방과 제지, 위험방지를 위한 출입, 사실의 확인 등의 권한 및 이로 인하여 대인적 또는 대물적 강제조치를 취할 수 있는 요건과 권한이 명시되어 있고, 형사소송법 제199조 제1항에 의하여 사법경찰관리는 수사에 관하여 그 목적을 달성하기 위하여 필요한 조치를 할 수 있고, 다만, 강제처분은 형사소송법에 특별한 규정이 있는 경우에 한한다고 규정되어 있으므로 위와 같은 규정들을 종합하여 보았을 때 경찰관이 그 직무를 수행하기 위한 목적에서 대인적 또는 대물적 강제조치를 취하는 경우 법률에 명확한 근거가 있어야 하고, 위 법률에 규정된 요건을 갖추어야 합니다.

따라서 경찰관이 경찰관직무집행법 제2조 각 호에 규정된 직무를 수행하기 위한 목적이 있다고 하더라도 대인적 또는 대물적 강제조치를 취하는 경우에는 경찰관직무집행법, 형사소송법 기타 관계 법령에 명확한 근거가 있어야 합니다.

4. 이 사건 대집행 당시의 상황

이 사건의 기록에 의하면 이 사건 대집행 당시의 상황은 다음과 같은 것으로 판단됩니다.

(1) ○○○○. ○○. ○○. 재건축조합 입구에 천막 2개를 설치하였습니다.

(2) 전주시청은 ○○○○. ○○. ○○.부터 ○○○○. ○○. ○○ .까지 수차례에 걸쳐 자진철거를 경고하였으나 이에 불응하였습니다.

(3) 전주시청은 위 천막 등에 대하여 행정대집행을 통하여 철거하기로 하고 전주 ○○경찰서에 ○○○○. ○○. ○○. ○○:○○에 병력지원을 하여 줄 것을 요청하였습니다.

(4) 전주시청에서 대집행통보를 한 후 천막철거를 완료하고, 임시적으로 설치한 천막 속에서 철거에 따른 보고대회를 진행하고 있었습니다.

(5) 피고인이 경찰관에 의하여 밖으로 들려나올 당시 이 사건 천막 주변에는 경찰병력과 용역업체직원과 전주시청 공무원들이 이 사건 천막을 둘러싸고 있었습니다.

(6) 경찰관들은 피고인의 팔과 다리를 붙잡고 천막 밖으로 끌어내었고, 이 과정에서 피고인이 이에 저항하면서 팔을 휘두르고 발로 경찰관을 수회 찼습니다.

5. 경찰관의 직무집행의 법률적 근거

가. 제4조의 보호조치

경찰관직무집행법 제4조 제1항에 의하면, 경찰관은 수상한 거동 기타 주위의 사정을 합리적으로 판단하여 정신착란 또는 술취한 상태로 인하여 자기 또는 타인의 생명, 신체와 재산에 위해를 미칠 우려가 있는 자와 자실을 기도하는 자, 미아, 병자, 부상자 등으로서 적당한 보호자가 없으며, 응급의 구호를 요한다고 인정되는 자에 해당함이 명백하며 응급의 구호를 요한다고 믿을 만한 상당한 이유가 있는 자를 발견할 때에는 보건의료기관 또는 공공구호기관에 긴급구호를 요청하거나 경찰관서에 보호하는 등

적당한 조치를 취할 수 있습니다.

이 사건의 기록 및 위에서 인정한 바와 같은 이 사건 당시의 피고인의 상태를 보면 피고인이 경찰관직무집행법 제4조 제1항에서 규정된 정신착란 또는 술 취한 상태로 인하여 자기 또는 타인의 생명, 신체와 재산에 위해를 미칠 우려가 있는 자와 자실을 기도하는 자, 미아, 병자, 부상자 등으로서 적당한 보호자가 없으며 응급을 요한다고 인정되는 자에 해당한다고 볼 수 없으므로 이 사건에 있어서 경찰관의 정당한 직무수행의 근거가 될 수 없습니다.

나. 제5조의 위험발생 방지

경찰관직무집행법 제5조 제1항에 의하면, 경찰관은 인명 또는 신체에 위해를 미치거나 재산에 중대한 손해를 끼칠 우려가 있는 천재, 사변, 공작물의 손괴, 교통사고, 위험물의 폭발, 광견·분 마류 등의 출현, 극단한 혼잡 기타 위험한 사태가 있을 때에는 그 장소에 집합한 자, 사물의 관리자 기타 관계인에게 필요한 경고를 발하고, 특히 긴급을 요할 때에는 위해를 받을 우려가 있는 자를 필요한 한도 내에서 억류하거나 피난시키며, 그 장소에 있는 자, 사물의 관리자 기타 관계인에게 위해 방지 상 필요하다고 인정되는 조치를 하게 하거나 스스로 그 조치를 취할 수 있습니다.

그러나 피고인은 이 사건 천막 안으로 들어갈 당시에 천막에 대한 행정대집행이 시작되기는 하였지만 천막 밖에 묶어 놓았던 끈을 제거하는 작업을 시작한 시점이었고, 해머나 지렛대 등을 동원한 철거작업은 시작하기 전이었으며, 피고인이 이 사건 천막 안에서 밖으로 경찰관에 의하여 끌려나올 당시를 기준으로 하면 그 시점이 피고인을 이 사건 천막 밖으로 끌고 나오지 아니하면 피고인의 인명 또는 신체에 대하여 위해가 발생할 우려가 있어 특히 긴급을 요할 때에 해당한다고 볼 수 없습니다.

따라서 경찰관직무집행법 제5조는 이 사건에 있어서 경차관의 정당한 직무수행의 근거라고 볼 수 없다고 하겠습니다.

다. 제6조의 범죄의 예방과 제지

경찰관직무집행법 제6조 제1항에 의하면, 경찰관은 범죄행위가 목전에 행하여지려고 하고 있다고 인정될 때에는 이를 예방하기 위하여 관계인에게 필요한 경고를 발하고, 그 행위로 인하여 인명·신체에 위해를 미치거나 재산에 중대한 손해를 끼칠 우려가 있어 긴급을 요하는 경우에는 그 행위를 제지할 수 있습니다.

행정대집행법 제2조에 의하면, 법률(법률의 위임에 의한 명령, 지방자치단체의 조례를 포함한다 이하 같다)에 의하여 직접 명령되었거나 또는 법률에 의거한 행정청의 명령에 의한 행위로서 타인이 대신하여 행할 수 있는 행위를 의무자가 이행하지 아니하는 경우 다른 수단으로써 그 이행을 확보하기 곤란하고 또한 그 불이행을 방치함이 심히 공익을 해할 것으로 인정될 때에는 당해 행정청은 스스로 의무자가 하여야 할 행위를 하거나 또는 제삼자로 하여금 이를 하게 하여 그 비용을 의무자로부터 징수할 수 있다고 규정하고 있으므로 이 사건 천막철거의 행정대집행의 업무는 전주시청의 업무이고, 정당한 업무수행자는 전주시청의 공무원이라고 할 것이며, 경찰관은 행정대집행 업무의 정당한 업무수행자가 될 수 없습니다.

따라서 피고인의 이 사건 행정대집행 업무를 방해하는 공무집행방해의 범죄를 범하기 위하여 최소한 전주시청 공무원에 대한 폭행 또는 협박의 행위가 있어야 할 것입니다.

이 사건 행정대집행 당시의 상황에 의하면, 피고인은 이 사건 천막에 대한 철거를 위하여 천막 밖에 묶어 놓은 끈을 푸는 작업이 시작되자 이 사건 천막 안으로 아무런 제지 없이 들어갔고, 그 과정에서 천막 대집행 작업을 하는 전주시청 공무원에 대하여 어떠한 폭행이나 협박이 없었으며, 이 사건 천막 안으로 들어가서도 피고인은 의자에 가만히 앉아 있다가 경찰관이 들어와서 피고인을 강제로 끌어내려고 하자 손과 발로 경찰관을 때렸으므로 이와 같은 이 사건 행정대집행 업무를 집행하는 전주시청 공무원에 대한 폭행 또는 협박이 없는 상황에서는 공무집행방해죄가 성립하지 않습니다.

따라서 이 사건 천막철거 당시 전주시청의 행정대집행을 담당하는 전주시청 공무원에 대한 폭행이나 협박이 발생하여 범죄행위가 목전에 행하여지려고 하고 있다고 볼 수 없으므로 경찰관직무집행법 제6조의 규정은 이 사건에 있어서 경찰관의 정당한 직무집행의 근거가 될 수 없습니다.

라. 제7조의 위험방지를 위한 출입

경찰관직무집행법 제7조에 의하면 경찰관은 제5조 제1항·제2항 및 제6조 제1항에 규정한 위험한 사태가 발생하여 인명·신체 또는 재산에 대한 위해가 절박한 때에 그 위해를 방지하거나 피해자를 구조하기 위하여 부득이 하다고 인정할 때에는 합리적으로 판단하여 필요한 한도 내에서 타인의 토지·건물 또는 선차 내에서 출입할 수 있다고 규정되어 있습니다.

위 규정 또한 경찰관에게 타인의 토지·건물, 선차 내에 출입할 수 있는 권한이 있음을 규정한 것이고, 피고인을 강제로 끌어낼 수 있는 권한을 규정하지는 아니하였으므로 경찰과직무집행법 제7조의 규정도 이 사건에 있어서 경찰관의 정당한 직무집행의 근거가 될 수 없습니다.

마. 형사소송법상의 강제수사 규정

위에서 본 바와 같이 피고인이 이 사건 천막 안에서 밖으로 경찰관에 의하여 끌려나올 당시 피고인이 이 사건 천막철거 행정대집행을 방해하였다고 볼 수 없고, 피고인이 다른 범죄를 범하였다고 의심할 만한 상당한 이유가 있었다고 볼 수도 없으며, 현행범으로 볼 만한 다른 사정도 없었습니다.

따라서 형사소송법상의 긴급체포 또는 현행범체포에 관한 규정도 이 사건에 있어서 경찰관의 정당한 직무집행의 근거가 될 수 없습니다.

바. 소결

그러므로 이 사건 공소사실에 대하여 검찰이 제출한 증거만으로는 이 사건 당시 경찰관이 피고인을 이 사건 천막 밖으로 끌어내는 행위는 경찰관직무집행법 제2조의 기타 공공의 안녕과 질서유지의 직무를 수행하기 위한 것이라고 하더라도 구체적 직무집행에 관한 법령상 근거를 찾을 수 없어 공무집행방해죄의 성립을 위하여 요구되는 적법한 공무집행을 위한 법률상 요건과 방식을 갖추지 못했습니다.

따라서 위와 같은 적법한 공무집행을 위한 법률상 요건과 방식을 갖추지 못한 경찰관의 행위에 대하여 피고인이 저항하면서 손과 발로 경찰관을 때렸다고 하더라도 공무집행방해죄가 성립하지 않는다고 할 것입니다.

6. 결론

이 사건의 공소사실은 범죄사실의 증명이 없는 때에 해당하므로 형사소송법 제325조 후단에 의하여 무죄를 선고하여 주시기 바랍니다.

○○○○ 년 ○○ 월 ○○ 일

위 피고인 : ○ ○ ○   (인)

전주지방법원 형사○단독 귀중

(5)공소장 의견서 - 음주운전 위험운전 치상 합의하여 재판장님께 간곡히 선처를 호소하는
공소장 의견서

의　　　견　　　서

사　　　　건 : ○○○○고단 ○○○○호 특정범죄가중처벌등에관한법률
위반(위험운전 치상) 등

피　고　인 : ○　　　○　　　○

광주지방법원 형사 제○단독 귀중

의 견 서

사   건 : ○○○○고단○○○○호 특정범죄가중처벌등에관한법률
              위반(위험운전 치상) 등

피   고   인 : ○   ○   ○

　이 의견서는 피고인의 진술권 보장과 공판절차의 원활한 진행을 위하여 제출하
도록 하는 것입니다. 피고인은 다음 사항을 기재하여 이 양식을 송부 받은 날로부
터 <u>7일 이내에</u> 법원에 제출하시기 바랍니다. 진술을 거부하는 경우에는 진술을 거
부한다는 내용을 기재하여 제출할 수 있습니다.

　이 의견서는 피고인에 대한 양형자료로 사용될 수 있으니 양형에 참작할 유리한
내용이 있는 경우 빠짐없이 기재해 주시기 바랍니다.

1. 공소사실에 대한 의견

　　가. 공소사실의 인정 여부

　　　　(1) 공소사실을 모두 인정함(○)

　　　　(2) 세부적으로 약간 다른 부분은 있지만 전체적으로 잘못을 인정함(   )

　　　　(3) 여러 개의 공소사실 중 일부만 인정함(   )

　　　　(4) 공소사실을 인정할 수 없음(   )

　　　　(5) 진술을 거부함(   )

　　나. 공소사실을 인정하지 않거나{1의 가. (3), (4) 중 어느 하나를 선택한 경
　　　　우}, 사실과 다른 부분이 있다고 하는 경우{1의 가. (2)를 선택한 경우},

그 이유를 구체적으로 밝혀 주시기 바랍니다.

○ 피고인은 이 사건 공소사실은 모두 인정하고 깊이 뉘우치고 뼈저리게 반성하고 있습니다.

○ 피고인은 사고 당일 오후 7시부터 시작한 회식자리에서 9시 30분경까지 술을 마시고 가급적 음주운전을 피하려는 생각으로 근처 지하실에 있는 사우나에서 4시간이 넘도록 수면을 취하는 등 그 다음날 새벽 1시 50분경 사우나 밖으로 나와 이 정도의 시간이 지났기 때문에 운전을 해도 괜찮겠다는 착오에 의하여 운전을 하여 이번과 같은 사고를 낸 것에 대하여 깊이 사죄의 말씀부터 드리겠습니다.

○ 피고인은 이유여하를 불문하고 술을 먹고 해서는 안 되는 음주운전을 하고 그것도 사람을 다치게 한데 대해서는 피해자님께 죄송하고 미안하게 생각합니다.

○ 정말 씻을 수 없는 죽을죄를 지고 말았습니다.

○ 제가 저지른 잘못은 마치 변명으로 비춰질 수도 있겠지만 피고인으로서는 난생처음으로 의견서를 써내라는 연락을 받고 그 자리에 쓰러져 한참동안 정신까지 잃었습니다.

○ 술을 먹고 해서는 안 되는 음주운전으로 사람을 다치게 한 것은 사실이지만 처음인 피고인에게는 엄청나게 힘들고 견딜 수가 없었고 한참후에 의견서 내용을 읽는데 온통 이해할 수 없는 법적용어들로 가득 차 있어 정말 피고인이 저지른 범죄가 이렇게 위험한 범죄인줄 꿈에서도 몰랐습니다.

○ 피고인에 대한 음주운전의 적발과 사고의 경위에 대하여 진실이 허락하지 않는 억울한 부분이 있지만 음주운전으로 사람을 다치게 한 것이므로 괜히 따지는 것으로 오해를 사게 되면 판결결과에 큰 영향은 미치지나 않을까 하는 입장에서 조마조마한 심정으로 조금이라도 이해해 주셨으면 하는 마음으로 진심에 호소하겠습니다.

○ 피고인의 범행으로 인하여 피해를 입으신 피해자께 진심으로 사죄의

말씀도 드렸습니다.

○ 입이 열 개라도 제가 한 음주운전에 대해서 할 말은 없습니다. 또 사람을 다치게 한데 대하여 잘못했습니다.

○ 당시 피고인은 회식장소에서 술을 마셨지만 피고인은 평소에도 술을 많이 마시는 편이 아닌 반면 최소한 음주운전은 피하려는 생각으로 근처 지하실에 있는 사우나에서 장장 4시간이 넘도록 사우나 하고 수면을 취하는 등 장시간을 보낸 후 이정도면 별문제가 없겠다는 착오를 일으켜 그만 운전을 하다가 일어난 사고라는 사실만은 분명하게 재판장님께 말씀드리고 싶습니다.

○ 피고인으로서는 음주운전을 한 것은 맞습니다.

○ 공소장에 의하면 저의 음주운전이 의도적으로 음주운전을 한 것으로 비춰져 정말로 안타깝습니다.

○ 앞에서도 말씀 드렸다시피 피고인이 행한 음주후의 상황으로 볼 때 4시간이 넘는 엄청난 시간을 보낸 것은 음주운전을 피하려는 노력이 있었음에도 바로 은주운전을 하여 사고를 낸 것으로 몰아붙인 공소사실은 모순이 있다고 생각이 듭니다.

○ 아무것도 모르고 계시는 부모님을 생각하면 미안하고 죄송한 마음 때문에 지금도 눈앞을 가립니다.

○ 허드렛일도 마다하지 않으시는 우리 어머님을 생각하면 모두가 하루아침에 물거품이 되고만 느낌은 나이어린 피고인이 감당하기엔 너무나 가혹하고 견딜 수 없는 고통일 수밖에 없습니다.

○ 피고인은 이번의 음주사고로 인하여 다니는 직장도 언제 어떻게 그만둬야할지 걱정이 이만저만이 아닙니다.

2. 절차진행에 대한 의견

가. 이 사건 이외에 현재 재판진행 중이거나 수사 중인 다른 사건이 있다면, 해

당 수사기관이나 법원과 그 사건명, 당사자 명을 기재하여 주시기 바랍니다.

○ 없습니다.

나. 이 사건 재판을 진행하기 전에 법원에 이야기하고 싶은 특별한 사정이 있습니까?

○ 피고인은 이정도의 시간이 흘렀기 때문에 운전해도 되겠다는 착오로 인하여 돌이킬 수 없는 상황으로까지 전개되어 모든 삶을 고스란히 내려놓을지도 모른다는 생각에 실의에 빠져 있습니다.

○ 피고인의 실수로 고통을 받아야 할 부모님을 생각하면 그 걱정 때문에 밤잠을 이루지 못하고 이 의견서를 제출한 이후 재판장님 앞에서 재판받을 날자가 하루하루 앞으로 다가온다고 생각하면 다리가 후들후들 떨리고 눈앞이 캄캄하고 아무것도 보이지 않는 바람에 매일 직장에서도 정신을 멍하니 잃고 있습니다. 젊은 사람으로 할 짓이 나닙니다.

○ 피고인에게 걱정이 앞서는 것은 이번 일로 직장에서 쫓겨나게 되면 우리 부모님은 누가 부양할지 인생낙오자가 되는 꿈을 꾸고 하물며 악몽까지 꿀 정도로 고통에 시달리고 있습니다.

○ 재판장님께서 제가 인생낙오자가 되지 않게 한번만 도와주시면 감사하겠습니다.

○ 이제 악몽에서도 벗어나게 도와주시면 고맙겠습니다.

○ 제가 열악한 한 가정의 가장으로 부모님을 모시고 열심히 살 수 있도록 기회를 주시면 다시는 이런 일이 없도록 하겠습니다.

○ 술 이제는 먹지 않기로 작정했습니다.

○ 피고인의 실수로 온 가족의 소망을 한꺼번에 내려놓아야 하는 절박한 처지를 원망하면서 저는 아무것도 먹지 못하고 눈물로 지세우고 있습니다.

○ 한번만 피고인을 용서해 주시면 다시는 법정에 서는 일 없도록 맹세하

겠습니다.

○ 모든 것은 제가 잘못하고 자처해서 일어난 일인데 절대 남을 탓할 일
도 아니라고 생각하고 조금 일찍 일어나서 자전거를 이용하거나 버스
를 타고 살아가려고 합니다.

○ 피고인에게 선처를 간곡히 호소합니다.

○ 피고인에게 한 번만 기회를 주시면 정말 이런 일 생기지 않도록 하겠
습니다.

다. 이 사건 재판의 절차 진행에 있어, 법원에서 참작해 주기를 바라는 사항
이 있으면, 구체적으로 밝혀 주시기 바랍니다.

○ 본건 공소사실에 대하여 검찰제출의 증거사용에 동의하겠습니다.

○ 모두 인정하겠습니다.

3. 성행 및 환경에 관한 의견

가. 가족관계

(1) 가족사항 (사실상의 부부나 자녀도 기재하며 중한 질병 또는 장애가
있는 등 특별한 사정은 비고란에 기재)

관계	성 명	나이	학력	직업	동거여부	비 고
본인	○○○	○○	전문대	회사원	○	
부	○○○	○○	고졸	농업	○	거동이 불편
모	○○○	○○	고졸	농업	○	

(2) 주거사항

○ 자가 소유(시가 :   정도)

○ 전세(보증금 : 1억 6천만원, 대출금 8천만 원)

○ 월세(보증금 :   원)

○ 기타(무상거주 :   )

(3) 가족의 수입

○ 현재는 아버지께서 교통사고로 쓰러지신 후 피고인이 어머님과 아버님을 모시고 생활하고 있으며 피고인이 회사에서 받는 월 급료 3,800,000원으로 온 가족이 생활하고 있습니다.

나. 피고인의 학력 · 직업 및 경력

(1) 피고인의 학력

○ 피고인은 ○○○○. ○○. ○○초등학교를 졸업했습니다.

○ 피고인은 ○○○○. ○○. ○○중학교를 졸업했습니다.

○ 피고인은 ○○○○. ○○. ○○고등학교를 졸업했습니다.

○ 피고인은 ○○○○. ○○. 경기대학교 산업공학과를 졸업하였습니다.

(2) 과거의 직업, 경력

○ 피고인은 현재의 광주광역시 광산구 ○○로 ○길 ○○, 소재 주식회사 ○○산업 디자인기획실에서 기술연구원으로 열심히 일하고 있습니다.

(3) 현재의 직업 및 월수입, 생계유지 방법

○ 피고인의 아버님과 어머님께서 고향 전라남도 나주시 ○○로 ○○ 마을에서 농사를 짓고 사시다가 아버님께서 교통사고 거동이 불편하셔서 피고인이 부모님을 현재의 주소지로 모시고 살고 있으며 피고인이 위 직장에서 받는 월 급료 3,800,000원으로 아버님의 병원비와 대출의 이자를 지급하면서 온 가족이 생계를 유지하고

있습니다.

(4) 향후 취직을 하거나 직업을 바꿀 계획 유무 및 그 내용, 자격증 등 소지 여부

○ 피고인은 기계디자인과 관련한 자격증을 가지고 있고 지금 다니고 있는 회사에서 자동차부품디자인연구를 담당하는 연구원으로서 최선을 다해 노력하고 있습니다.

다. 성장과정 및 생활환경 (부모나 형제와의 관계, 본인의 결혼생활, 학교생활, 교우관계, 성장환경, 취미, 특기, 과거의 선행 등을 기재)

○ 피고인의 성격은 차분하면서도 활발하며 항상 남에게 베풀고 싶은 성격을 가지고 있습니다.

○ 힘든 분들을 위해 봉사한다는 생각을 가지고 살고 매사 적극적으로 추진해내려는 성격을 지니고 있습니다.

○ 운동을 좋아하는 등 건강은 양호하고 학교생활에서도 친구들과 정말 사이좋게 지내는 친구들이 주변에 많은 편이고 지금도 친구들을 자주 만나고 있습니다.

○ 피고인은 꾸준이 시간을 내서 봉사활동을 해오고 있고 작은 금액이지만 성의껏 소외계층을 위해 기부 하려고 노력하고 있습니다.

라. 피고인 자신이 생각하는 자기의 성격과 장·단점

○ 피고인은 차분한 성격으로 매사에 적극적으로 추진하려는 의지력을 가지고 있습니다.

4. 정상에 관한 의견(공소사실을 인정하지 않는 경우 기재하지 않아도 됨)

가. 범행을 한 이유

○ 피고인은 사고 당일 직장에서 신제품 출시와 관련하여 회식이 있었는데 술을 마신 후 회식이 끝날 무렵인 9시 30분경부터 근처에 있는 사

우나에서 사우나를 하는 등 수면을 취하고 그 다음날 새벽 1시 40분 경까지 약 4시간이 넘도록 음주운전을 피하기 위해 장시간을 보내다가 이정도면 괜찮겠다는 착오를 일으켜 운전을 하다가 그만 이번과 같은 사고가 발생하였습니다.

○ 피고인의 착오에 의한 운전이었지만 이번과 같은 사고가 발생한 데 대하여 이유여하를 막론하고 자복하며 반성하고 있습니다.

○ 이런 일이 생겨 거동이 불편하신 부모님께 죄송하고 얼굴을 제대로 바라보지 못할 행동을 하고 말았습니다.

○ 저로 인하여 졸지에 피해를 당하신 피해저분은 얼마나 충격이 크시겠습니까. 정말 죄송하고 죽을죄로 졌습니다.

○ 피고인은 뼈저리게 뉘우치고 반성하고 또 반성하고 있습니다.

나. 피해자와의 관계

○ 전혀 모르는 분이십니다.

다. 합의 여부 (미합의인 경우 합의 전망, 합의를 위한 노력 및 진행상황)

○ 피고인으로서는 이 사건 음주사고 이후 출근하기 전이나 퇴근하고도 바로 피해자께 찾아가 용서를 빌고 무릎을 꿇고 사죄를 드렸습니다.

○ 피고인은 어떨 때는 하루 온종일 피해자닌 집 앞에서 기다리고 있다가 피해자를 만나지 못하고 돌아온 적도 여러 번 있었지만 끝까지 피해자님께 찾아가 사죄하고 용서를 빌었습니다.

○ 최선을 다한 결과 피해자 분께서 많이 다친 것은 아니지만 젊은 사람의 성의를 봐서 용서하신다며 엄청 놀랐다고 하시면서 우황청심환을 사오라고 하셔서 1박스 사다드렸더니 합의금을 받지 않고 흔쾌히 합의를 해주셨습니다.

○ 피고인은 피해자 분께서 우황청심환으로 합의해 주신데 대하여 고마운 마음으로 눈시울을 붉혔습니다.

○ 합의를 작성해 주시는 과정에서 피고인에게 피해자 분께서 하신 말씀 중에서 아직도 생생하게 기억이 나는 말씀으로 사나이로 태어나 도둑질하지 말고 술 먹고 운전하지 말아야 한다는 말씀 새겨듣고 피고인은 아예 술을 끊었습니다.

○ 정말 죄송합니다.

라. 범행 후 피고인의 생활

○ 피고인은 이 사건 범행의 잘못을 깊이 뉘우치고 위 범행을 자복하며, 우리 가족의 생계유지를 위해 열심히 직장생활에 최선을 다하고 있으며, 피해자 분께서 하신 말씀 되새기며 다시는 이런 일이 생기지 않게 하려고 노력하고 있습니다.

○ 혹시나 부모님께서 아시고 쓰러지시면 어떻게 하나 하는 걱정이 앞서 늘 노심초사하고 있습니다.

○ 피고인에 대한 잘못으로 숨소리도 부모님 앞에서는 죽이고 지내고 있습니다.

○ 더 열심히 하고 있습니다.

마. 현재 질병이나 신체장애 여부

○ 건강은 양호한 편입니다.

바. 억울하다고 생각되는 사정이나 애로사항

○ 피고인은 잘못을 깊이 뉘우치고 반성하고 있는 점 두루 살피시어 선처를 간곡히 호소합니다.

○ 피고인이 음주후의 상당한 시간을 보내고 가급적이면 음주운전을 피하려고 노력을 했었다는 점, 이정도의 시간이 지났기 때문에 괜찮을 것이라는 잘못된 착오에 의하여 음주운전을 하였다는 점, 피고인은 초범이라는 점, 인명피해가 경미한 점, 피해자와 원만히 합의가 되어 피해

가 복구되었다는 점, 피고인은 이 사건 사고로 많은 것을 뉘우치고 잘못을 반성하고 있는 점을 헤아려 주셨으면 고맙겠습니다.

○ 피고인은 이번의 사고로 인하여 정신적으로도 많은 고통을 겪어야 하는 상황이지만 존경하는 재판장님의 판결에 따라 피고인이 거동이 불편하신 부모님을 편히 모실 수 있습니다.

○ 법 이전에 한 인간을 불쌍히 여기고 자비로우신 우리 재판장님의 판결이 피고인으로 하여금 다시금 기회를 주시고 피고인의 장래를 위하여 늘 학수고대하시고 계시며 거동이 불편하신 우리 아버님을 간호하시고 허드렛일도 마다하지 않고 뒷바라지를 해주시는 우리 어머니께 격려와 위안이 될 것이라고 믿어 의심치 않습니다.

○ 저는 재판장님의 소중한 뜻이 무엇인지를 되새기고 다시는 이런 일이 생기지 않도록 하겠습니다.

○ 착오에 의하여 한 순간의 실수를 행한 피고인에게 다시 한 번의 기회를 주신다는 의미에서 이번에 한하여 선처를 허락하여 주실 것을 아울러 간곡히 호소합니다.

사. 그 외형을 정함에 있어서 고려할 사항

○ 피고인은 이 사건 외에는 다른 일체의 범죄전력이 없습니다.

○ 피고인은 이 사건 이전에 성실히 직장생활을 하여 왔고, 거동이 불편하신 부모님을 부양하고 있고, 대출금에 대한 상환은 물론이고 이에 대한 이자를 납부하는 등 건실한 사회인으로 지내 왔습니다.

5. 양형기준표상 양형에 관한 의견

가. 본건은 양형기준표적용 대상 사건으로 특정범죄 가중처벌 등에 관한 법률 위험운전 치상의 영역에 해당합니다. 피고인에 대한 특별양형인자 중 감경요소로는 ①피고인은 음주운전을 피하려고 장시간 동안 수면을 취하는 등 노력을 하였다는 점, ②인명피해가 경미한 경우에 해당하고 ③피해자

와 합의를 하여 피해복구를 들 수 있고, 가중요소는 존재하지 않습니다.

그리고 일반양형인자 중 감경요소로는 진지한 반성을 들 수 있고, 가중요소 또한 없습니다.

나. 따라서 피고인에 대하여는 일반 위험운전의 감경영역에 해당하여 그 형량 권고 범위가 1년 이상 15년 이하의 징역이나 1,000만 원 이상 3,000만 원 이하의 벌금형이라 할 것입니다. 그런데 본건의 음주운전을 피하려고 장시간 동안 수면을 취하는 등 착오에 의한 음주운전이라는 점, 인명피해가 경미한 점, 피해자와의 원만히 합의가 되었다는 점에 비추어 동종 사안에서 그 형 종을 벌금형으로 선택하는 것에 비추어 피고인에게도 그 형 종으로 벌금형으로 선택하여 주실 것을 간곡히 요청 드립니다.

라. 다시 한 번 피고인에 대한 선처를 호소합니다.

6. 양형을 위하여 조사해 주기를 바라는 사항

가. 피고인의 부모, 형제, 친척, 친구 등 양형조사를 해주기 바라는 사람의 이름과 연락처를 구체적으로 기재

○ 없습니다.

나. 피고인의 양형을 위하여 유리한 문서, 서류 기타 관련 증거 등에 관하여 구체적으로(소재지 등) 기재

◎ 피해자와 ○○○○. ○○. ○○. 작성한 합의서를 유리한 문서로 첨부하겠습니다.

7. 법원조사관의 면담을 원하는지 여부

법원조사관을 면담하여 양형에 관한 사실 및 의견에 관하여 도움을 받고 싶은가요?

(1) 원한다(   )

(2) 원하지 않는다(○)

(3) 기타(   )

소명자료 및 첨부서류

1. 가족관계증명서   1통
1. 합의서   1통

○○○○ 년 ○○ 월 ○○ 일

위 피고인 : ○ ○ ○   (인)

광주지방법원 형사 제○단독 귀중

(6)공소장 의견서 - 명예훼손 피고사건에 대한 피고인이 사실관계를 진술하고 무죄 선고해 달라는 의견서

의　　　견　　　서

사　　　　　건 : ○○○○고단○○○○호　명예훼손

피　고　인 : ○　　　○　　　○

인천지방법원 형사 제○단독 귀중

의 견 서

사　　　　건 : ○○○○고단○○○○호　명예훼손

피　고　　인 : ○　　　○　　　○

위 사건에 관하여 피고인은 다음과 같이 의견을 개진합니다.

- 다　음 -

1. ○○○에 대한 제2회 증인신문 결과에 관한 정리

　가. 합의서 작성 경위

　　○○○은 "피고인은 당시 합의서에 처음에 날인하기를 망설이고 거부하였으나 증인과 피고인 모친의 설득에 못 이겨 날인하였던 것이지요?"라는 질문에 대하여 "그런 것으로 기억하고 있습니다"라고 답변하였습니다(증인신문조서 제1, 2면 참조)

　　따라서 이 사건 합의서의 작성에 관하여 피고인이 처음부터 이를 마땅치 않게 여기다가 ○○○과 피고인 모친의 설득에 따라 반 억지로 합의서에 동의를 하였던 사정이 인정됩니다.

　　이에 반하여 본건 공소사실은 마치 피고인이 ○○○의 중재를 통하여 합의서를 작성하였을 때에는 별다른 이의 없이 이를 환영하였다가, 나중에 ○○○로부터 민사소송을 제기 당함에 있어 ○○○이 피고인을 도와주지 않자 그 때 비로소 ○○○에 대한 반감을 품고 합의서가 강압적으로 작성되었다고 허위주장을 하면서 본건 범행을 행한 것처럼 묘사하고 있습니다. 그러나 ○○○의 증언에 의하더라도 피고인은 ○○○과 피고인 모친의 설득 내지 강권(强勸)에 못 이겨 반 억지로 합의서에 날인하였던 사정이 확인되므로, 피고인 입장에서는 위 합의서가 매개가 되어 ○○○로부터 소송을 당한 상황에서 충분히 자신이 강압적으로 본인의 자유로운 의사에 반해 합의를 하게 된 것이라 여기고, 그와 같이 주장할 여지가 있었던 것입니다.

나. 합의서 작성 이후 피고인이 계속하여 불안해하여 왔던 사정

이 사건 합의서는 나중에 관련 민사소송에서 확인되었지만 공적인 만남이나 교류라 하더라도 피고인과 배신자 간의 일체의 교류를 금지하고 이에 위반할 경우 금 ○억 원 상당의 위약금을 배상하게끔 하는 내용의 합의로서 당사자의 자유를 현격하게 제한하는 것이기에 민법 제103조에 반하여 무효가 되는 부당한 내용의 약정이었습니다.

피고인은 실제로 위 합의서 작성 당시에도 ○○○의 처 ○○○가 어떤 사소한 빌미를 통해서라도 합의서를 근거로 손해배상 등을 청구할 수 있을 것으로 염려하여, <u>처음에 그 날인을 꺼렸고, 날인 후에도 계속 불안해 하면서, ○○○에게 기존의 합의서를 폐기하고 다시 합의할 수 있도록 도와달라고 요청하였던</u> 것입니다.

○○○도 "그런 이야기는 아니고, ○○○ 측에서는 만나지 않으면 '아무런 제재도 가하지 않겠다. ○○○소를 취하하겠다.'라고 이야기했는데도 불구하고 <u>피고인이 계속 불안해 했습니다. (○○○) '○○○의 부인이 나중에 해코지 할 것 같다. 돈을 요구할 것 같다.'</u> 이런 것 때문에 불안하다고 <u>이야기를 했습니다. (○○○)</u> 합의서를 회수해 달라고 했고, (○○○)"라고 증언하였는가 하면, "<u>합의하고 얼마 안 되어서 바로 불안하다고 이야기했다는 것인가요?</u>"라는 질문에 "<u>예</u> "라고 답변하였는바, 위 사정에 상당 부분 부합하는 증언을 하였습니다(증인신문조서 제2, 3면)

결국 본건 공소사실과 달리, <u>피고인은 당초 어느 정도 자의에 반하여 이 사건 합의서를 작성하였고, 작성 후에 불안을 느껴 ○○○에게 당초의 합의에 대한 폐기를 계속 요청하였으나 이를 거절당하였고, 그런 와중에 ○○○과의 면담에서 ○○○으로부터 언어적 성희롱을 당하게 되었고, 이러</u>

한 언어적 성희롱 사실에 관하여는 ○○○에 관한 국가인권위원회 진정에서 자료를 제출하여 언급하기도 하였으나, ○○○을 주된 피진정인으로 한 진정사건이 아니었기 때문에 위 진정사건에서 ○○○의 언어적 성희롱이 제대로 다뤄지지는 못하였고, 그런 와중에 결국 당초의 불안과 염려대로 ○○○로부터 합의서에 따른 위약금 청구를 당하면서 ○○○의 위 성희롱 사실에 대한 유인물 배포를 하였던 것입니다.

다. 상품권과 관련된 ○○○의 이중적 태도

○○○이 이 사건 합의 중재와 관련하여 피고인 모친으로부터 상품권을 수수한 것과 관련하여 변호사법 위반으로 수사가 진행되었는데, 위 사건에서는 ○○○이 자신의 변호사법 위반 혐의를 부인하면서 위 상품권은 지점의 금고에서 잘 보관하고 있고 자신이 전혀 이를 소비하지 않았다고 주장한 바 있습니다. 그러나 ○○○은 위 변호사법 위반 사건에서 무혐의 처분을 받게 되자, 앞선 태도를 바꾸어 위 상품권을 피고인 측에 반환하지 않고 임의로 소비함으로써, 극히 이중적인 태도를 보인 바 있습니다.

이에 관하여 ○○○ 본인도 "그 상품권은 현재 어디에 있나요?:"라는 질문에 대하여 "없습니다. 부분적으로 변호사 비용 등으로 사용한 것 같습니다."라고 증언하였습니다(증인신문조서 제4면, 참고로 ○○○은 위 증언을 행함에 있어 상품권의 현재 행방을 묻는 변호인의 질문에 관하여 답변을 계속 회피하면서 엉뚱한 이야기만 늘어놓다가 귀원의 제지를 받고 나서야 비로소 상품권의 소비 사실을 자인하였습니다).

라. ○○○이 평소 피고인을 대하던 태도에 관하여

○○○은 "증인은 평소 피고인과 이야기를 나눌 때 상급자 내지 연장자로서 반말조로 이야기하였나요?"라는 질문에 대하여, "반말과 존댓말을 섞어서 이야기하는 편입니다"라고 답변하여, 피고인에 대하여 극히 예의를 갖추기보다는 반말 투로도 편하게 이야기하는 면이 있음을 밝힌 바 있습니다(증인신문조서 제5면)

또한, 피고인은 ○○○에게 "증인은 피고인에게 오빠 믿지?'라는 문자메시지르 보낸 적이 있지요?"라는 질문을 하였는데, 이에 대하여 ○○○은 "그것을 들었기 때문에 증인이 보냈을 것이라고 생각합니다."라고 답변하였습니다. 그런데 당심 제1회 증인신문에서 피고인의 국선변호인이 ○○○에게 오빠만 믿어 등 사적 용어를 사용한 문자메시지를 보낸 적이 있느냐고 질문하였을 때, "없습니다, 그런 사적인 메시지를 주고 받을 관계는 아닌 것 같습니다"라고 증언하였는바(종전 증인신문조서 제3면), 위 문자메시지의 발송 사실에 관하여 ○○○은 당심에서 그 진술을 완전히 번복하고 있습니다. 이러한 점에서 ○○○은 그 진술에서 일관성이 부족하다 할 것인바, 이는 그 진술의 신빙성을 감쇄시키는 충분한 사유가 된다 하겠습니다.

○○○은 덧붙여 "안심시키려고, '그 여자에게 절대로 문제가 없으니까 걱정하지 마라. 내가 너 지켜준다.' 그리고 나서 '오빠 믿지?'라는 문자메시지를 보낸 것입니다"라고 증언하였는데, 아무리 ○○○이 포장하려 한다 하더라도, 위와 같은 문자메시지는 부하직원의 합의를 중재한 상급자로서의 언사로는 상당히 부적절하고 과한 것으로 여겨지며, 이는 결국 ○○○의 피고인에 대하여 위 합의 성사를 빌미로 상당히 편안하게, 어떤 의미에서 얕잡아 보고 있었다는 사정을 드러낸다 할 것입니다.

마. ○○○이 증인신문에서 제시한 피고인-배신자 간 녹취자료와 관련된 증언의 모순점

○○○은 자신이 피고인을 편하게 생각한 바 없다고 극력 주장하면서, 자신이 피고인이 ○○○와 대화하면서 욕설을 한 것이 녹취된 자료를 들었기 때문에 피고인을 도리어 무섭게 생각하였다는 취지로 증언하였습니다.

그런데 위 자료를 확인한 시점과 관련하여, ○○○은 "회사 조사할 때 받았습니다."라고 답변하면서, "회사 조사한 시점이 ○○○○ 아닌가요?"라는 질문에 "그 해입니다. 당해 연도로 밖에 기억나지 않습니다."라고 답변하였습니다. 그리고 ○○○은 "합의를 한 연도는 ○○○○인데, ○○○○에 받은 것인가요?"라는 질문에 "그 이후입니다. 그 이후에 피고인이 그 사람을 만나러 갔다가 부인에게 걸린 것입니다."라고 답변하고, "그 녹음을

들은 시점은 증인의 진수로 봤을 때 ○○○○이후로 생각되는데, 그러면 ○○○○이전에는 편하게 생각했나요?"라는 질문에 "그 전에 녹음을 들었기 때문에 많이 조심 했습니다."라고 답변하였으며, "그 날짜가 합의서 작성 이후로부터 언제 쯤인가요?"라는 질문에 "합의서 작성하자마자일 것입니다."라고 답변하였습니다(증인신문조서 제6, 7면)

○○○이 회사 조사를 받을 때 위 녹음 자료를 청취한 것이라면, ○○○에 대한 직장 내 성희롱 조사가 이뤄진 것이 ○○○○ 이후인 사정에 비추어 볼 때, 이 사건 유인물에 기재된 ○○○의 피고인에 대한 언어적 성희롱이 이뤄졌던 ○○○○.○○.셋째 주 토요일의 경우에는 위 녹음 자료 청취 전이기 때문에 ○○○이 달리 피고인을 무섭게 여기거나 할 이유가 없지 않느냐는 것입니다. 이에 반하여 ○○○은 합의서를 작성하자마자 위 녹음자료를 청취하였다고까지 주장하여 위 ○○○○. ○○.셋째 주 토요일 당시에는 이미 ○○○이 녹음자료 청취로 인하여 피고인을 경계하고 있었다는 취지로 증언하고 있는 듯합니다.

그런데 ○○○의 이러한 진술에는 중대한 모순점이 있습니다. ○○○은 조사를 받으면서 녹음 자료를 청취하였다고 증언을 하면서도, 그 시점이 합의서 작성하자마자라고 명시하였는데, ① 합의서의 작성 시점은 ○○○○. ○○. ○○.이고, ② 피고인이 ○○○에 관한 국가인권위원회 진정을 접수한 것은 ○○○○○. ○○. ○○.이며, ③ 피고인이 ○○○에 대한 국가인권위원회 진정을 접수한 것은 ○○○○. ○○. ○○.인바, ○○○ 본인에 대한 조사는 ○○○○.에서야 이뤄졌고, ○○○이 언급하는 회사 조사라는 것이 선해하여 자신이 아닌 ○○○에 대한 조사라고 치더라도 그것은 본건 성희롱 발생시점인 ○○○○. ○○.셋째 주 토요일로부터도 한참 지난 ○○○○. ○○. ○○.이 되므로, 합의서를 작성한 ○○○○. ○○.○○.로부터 얼마 안 되어 녹음 자료를 청취하였다는 ○○○의 위 증언은 명백히 모순이 있습니다.

이와 같이 ○○○의 진술에 객관적 시점과도 불일치하는 모순이 있는 이상, ○○○의 증언에 신빙성을 부여하기가 더욱 어렵다 할 것입니다. 결국 ○○○은 피고인의 주장하는 바와 같이 최소한 이 사건 성희롱이 있을 당시까지만 하더라도 합의의 성사 등을 통해 피고인에게 '오빠 믿지?'라고 공공연히 말할 정도로 스스로 피고인을 편하게 생각하여 왔던 것이 분명하여, 이러한 연장선상에서 별다른 문제의식 없이 피고인에게 부주의한 언사를 하였던 것으로 보입니다.

바. 성희롱 발생이 문제되는 ○○○○. ○○. 셋째 주 토요일에 실제로 피고인과 ○○○은 1:1 면담을 가진 바 있습니다.

피고인은 성희롱 피해 진술의 구체성을 언급하면서, 만약 피고인과 ○○○이 피고인 주장처럼 성희롱 피해일시에 면담을 실제 행한 사실이 있다면, 피고인의 성희롱 피해 주장을 허위로 단정할 수 없는 합리적 의문점이 존재하게 됨을 계속 주장하여 왔습니다.

그런데 ○○○은 당심 제2회 증인신문에서 사실상 피고인이 ○○○으로부터 성희롱 피해를 당하였다고 주장하는 ○○○○. ○○.셋째 주 토요일에 ○○○과 피고인이 면담을 가진 사실을 시인하고 있습니다.

즉, ○○○은 "○○지점에서는 ○○실적이 없는 ○○○ 등 직원을 대상으로 하여 토요일에 모여 지점장인 증인과 면담을 갖는 시간을 정기적으로 가졌지요?"라는 질문에 "예"라고 답하였고, "○○○○. ○○.셋째 주 토요일 오전에 증인은 피고인을 비롯하여 당시 ○○실적이 저조한 ○○○들을 불러 면담을 가진 사실이 있는가요?"라는 질문에 "면담을 했는지는 잘 기억나지 않지만, 부른 적은 있습니다."라고 답하였고, "○○○○. ○○.셋째 주 토요일에 피고인을 실적이 저조하다고 해서 불렀던 것은 기억하나요?"라는 질문에 "무실적한 사람들을 다 불렀습니다."라고 답하였고, "피고인도 포함되어 있었나요?"라는 질문에 "포함되어 있었을 것입니다"라고 답하였습니다(증인신문조서 제7, 8면 참조)

특히 ○○○이 "피고인이 왔던 것이 기억나는가요?"라는 질문에 대하여는 "왔다고 되어 있습니다"라고 답변하고 있는데, 이는 ○○○이 본건 증인신문을 하기에 앞서 당시 피고인이 면담을 가진 것에 관한 기록을 확인하고 긍정의 답변을 한 것임을 드러내고 있습니다.

그리고 ○○○은 "○○○○. ○○.셋째 주에 피고인을 실적부진으로 불렀을 때 어떤 이야기를 했는지 기억하나요?"라는 질문에 "확실히 기억나지 않는데, 일하러 온 건지 안 하러 온 건지 그렇게 이야기를 한 것 같습니다."라고 답하였고, "<u>이 날 면담할 때 피고인의 복장은 어떠했나요?"라는 질문에 "정확하게 기억나지 않는데, 일하러 온 자세는 아니었던 것 같습니다.</u>"라고 답하였고, "바지를 입었나요, 치마를 입었나요?"라는 질문에 "<u>특별했던 것으로 기억합니다.(○○○)</u>"라고 답하였고, "피고인이 당시에 일하러 오기에는 적합하지 않은 특별한 옷차림을 하고 있었고 그에 대해서 지적을 한 것인가요?"라는 질문에 "확실하게 기억나지 않습니다."라고 답하였고, "<u>그 때 혹시 피고인의 청바지가 많이 내려와 있어서 그것에 대해 '일하러 온 사람이 뭐 그러냐' 이런 식으로 이야기한 적이 있나요?</u>"라는 질문에 "잘 기억나지 않습니다."라고 답하였습니다. (증인신문조서 제8, 9면)

위 증언에서 중요한 것은 <u>○○○이 당시 피고인의 복장이 특별했던 것으로 기억한다고 진술하여, 피고인이 당시 본건 언어적 성희롱의 매개가 된 골반바지 복장을 착용하고 있었던 사정에 대하여 딱히 부정을 하지 않고 있다는 점입니다.</u> 또한 ○○○은 당시 피고인의 복장에 관하여 지적을 하였는지 여부에 관하여도 잘 기억이 나지 않는다고 하여, 본건 언어적 성희롱과 깊은 연관이 되는 복장의 지적 여부에 관하여도 딱히 부정을 하지 않고 있습니다.

결국 이러한 제반사정에 비추어 볼 때, 피고인이 ○○○으로부터 성희롱을 당하였다고 주장하는 시점에 실제로 피고인과 ○○○이 대면하였던 사정이 인정되고, 당시에 1:1 면담으로서 다른 목격자는 없었으며, 위 면담에 관한 ○○○의 진술이 대체로 구체적인 발언 내용 등에 대하여 기억이 나지 않는다는 취지로서 피고인의 주장 사실을 부정하지도 않고 있다 할 것인바, <u>피고인의 주장처럼 실제로 언어적 성희롱이 있었을 개연성도 배제할 수 없습니다.</u> 그러므로 결국 허위사실 적시 명예훼손의 본건 공소사실은 범죄의 증명이 부족하다고 볼 수밖에 없습니다.

사. 기타 사항

그밖에도 ○○○은 피고인이 전에 알지 못한 ○○○을 처음 만났을 때 ○○○에게 자신이 ○○공원에서 차에서 강간당한 적이 있다고 말하였다고 증언하였는데(증인신문조서 제10면) 이는 여성들의 통상적인 심리나 경험칙에 비추어 전혀 납득하기 어렵습니다. 어떠한 여성이라도 자신의 성추행, 성폭력 피해사실을 가급적 숨기려 하는 것이 일반적인데, ○○○의 말에 의하면 피고인이 잘 알지도 못하는 상급자인 ○○○에게 자신이 강간당한 적이 있다고 이야기한 것이 되기 때문입니다.(실제로 그러한 강간을 당한 적도 없습니다). ○○○ 본인은 이러한 문제점에 대하여 자신도 납득이 안 된다면서 무책임한 답변을 하고 있습니다.

○○○은 피고인의 복장에 관하여 "(○○○) 피고인은 패션 감각이 특출했습니다. (○○○) 너무 화사하거나 특별한 색깔, 특별한 스타일이라고 생각하시면 됩니다."라고 답변하였는데(증인신문조서 제15면), 이는 ○○○이 평소 피고인의 복장에 관하여 깊은 인상을 받은 점을 드러내며, 피고인의 주장처럼 ○○○이 피고인의 복장의 특이성을 매개로 성희롱 적 언사를 하였을 개연성을 시사한다 하겠습니다

2. 결론

결국 ○○○에 대한 증인신문을 통하여, ① ○○○의 증언의 비일관성, ② ○○○이 피고인에게 '오빠 나 믿지'라는 과한 표현을 사용할 정도로 피고인을 쉽게 생각하였던 사정, ③ ○○○의 진술의 모순점, ④ 본건 성희롱 주장 일시에 실제로 ○○○과 피고인이 1:1 면담을 행한 사실이 있는 점, ⑤ ○○○이 피고인의 복장에 대하여 깊은 인상을 가지고 있었던 점 등의 사정이 충분히 밝혀졌다 할 것인바, 피고인의 본건 유인물에서의 기재내용이 허위라고는 도저히 단정할 수 없다 하겠습니다.

따라서 본건 공소사실은 범죄의 증명이 결여되었다 할 것이므로 피고인에게 무죄를 선고하여 주실 것을 요청 드립니다.

소명자료 및 첨부서류

1. 증제○○호증   ○○○의 진정서

○○○○ 년 ○○ 월 ○○ 일

위 피고인 : ○ ○ ○   (인)

인천지방법원 형사 제○단독 귀중

(7)공소장 의견서 - 공소장 의견서 음주운전(위험운전 치상) 피해자와 합의하고 간곡히 선처호소 의견서

의 견 서

사　　　　　건 : ○○○○고단○○○○호　특정범죄가중처벌등에관한법률위반(위험운전 치상) 등

피 　고 　인 : ○　　　○　　　○

춘천지방법원 형사 제○단독 귀중

의 견 서

사 건 : ○○○○고단○○○○호 특정범죄가중처벌등에관한법률
위반(위험운전 치상) 등
피 고 인 : ○ ○ ○

이 의견서는 피고인의 진술권 보장과 공판절차의 원활한 진행을 위하여 제출하도록 하는 것입니다.

피고인은 다음 사항을 기재하여 이 양식을 송부 받은 날로부터 7일 이내에 법원에 제출하시기 바랍니다. 진술을 거부하는 경우에는 진술을 거부한다는 내용을 기재하여 제출할 수 있습니다.

이 의견서는 피고인에 대한 양형자료로 사용될 수 있으니 양형에 참작할 유리한 내용이 있는 경우 빠짐없이 기재해 주시기 바랍니다.

1. 공소사실에 대한 의견

가. 공소사실의 인정 여부

(1) 공소사실을 모두 인정함(   )

(2) 세부적으로 약간 다른 부분은 있지만 전체적으로 잘못을 인정함(○)

(3) 여러 개의 공소사실 중 일부만 인정함(   )

(4) 공소사실을 인정할 수 없음(   )

(5) 진술을 거부함(   )

나. 공소사실을 인정하지 않거나(1의 가. (3), (4) 중 어느 하나를 선택한 경

우), 사실과 다른 부분이 있다고 하는 경우(1의 가. (2)를 선택한 경우), 그 이유를 구체적으로 밝혀 주시기 바랍니다.

○ 피고인은 이 사건 공소사실은 세부적으로 약간 다른 부분은 있지만 전체적으로 잘못을 인정하고 또한 깊이 뉘우치고 반성하고 있습니다.

○ 피고인은 농업에 종사하고 나이도 있는데 모범이 되지 못하고 이러한 범행을 저지른데 대하여 사죄의 말씀부터 먼저 드리겠습니다.

○ 이유여하를 불문하고 술을 먹고 해서는 안 되는 음주운전을 하여 가족에게 죄송하고 나아가 한동네에서 농사짓는 이웃주민에게까지 부끄러운 짓을 하여 죽을죄를 지고 말았습니다.

○ 피고인에 대한 잘못을 반성하지 않고 변명으로 일관하는 것으로 비춰질 수도 있겠지만 판결을 내리시는 재판장님께 음주운전의 적발과 사고의 경위에 대하여 진실이 허락하지 않는 억울한 부분이 있어도 후일 판결결과에 영향이 있을까 하는 걱정이 앞서 이러지도 저러지도 못하는 심정을 조금이라도 이해해 주셨으면 하는 마음 간절합니다.

○ 피고인의 범행으로 인하여 졸지에 피해를 입으신 피해자 분께 진심으로 머리 숙여 사죄의 말씀부터 드리겠습니다.

○ 술을 먹고 운전했다는 것에 대하여 입이 열 개라도 할 말이 없습니다. 정말 죄송하고 죽을죄를 졌습니다.

○ 당시 상황에 대해 설명을 드리면 피고인이 저지른 범행을 발뺌을 하거나 빠져나가려고 둘러대는 거짓말로 비춰질 수 있습니다. 그러나 피고인은 사실 음주운전으로 적발되기 전에 함께 군대생활을 했던 옛 전우들을 만나 다른 친구들은 그 다음날 새벽까지 술을 마셨지만 피고인은 원래부터 많은 술을 마시지 못해 몇 잔을 마시고 차량을 아침에 이동하려고 더 이상 마시지 않고 술자리 옆에서 잠 을잘 수밖에 없었습니다.

○ 피고인은 늦은 시간까지 이어지는 친구들과의 술 자리를 피하려고 노력을 했고 음주운전을 피하려는 생각으로 장시간 수면을 취하는 등 밖으로 나와 충분한 시간의 휴식을 취한 상태였기 때문에 이 정도면

괜찮을 것이라는 착오로 그만 운전을 하다가 일어난 사고라는 사실을 감히 말씀드리고 싶습니다.

○ 이유야 어찌되었건 변명 같은 말씀을 드리게 되어 죄송합니다.

○ 의도적으로 피고인이 음주운전을 한 것으로 몰아붙인 공소사실은 아무리 술을 마시고 사고를 냈다고 해서 사실관계를 오해하여 비춰진데 대하여 안타까울 뿐입니다.

○ 피고인으로서는 음주후의 상황으로 볼 때 충분한 시간이 흘렀기 때문에 운전해도 아무런 문제가 없을 것으로 착오에 빠져 이 같은 일이 생기리란 것은 꿈에서도 몰랐습니다.

○ 시골집에는 9순이 넘으신 노모님을 피고인이 모시고 있는데 행여 노모님께서 이 사실을 아시고 돌아가지는 않을까 하는 걱정 때문에 피고인은 노심초사하고 있습니다.

○ 연로하신 노모님을 생각해서라도 피고인이 이런 일을 자초하지 말았어야 하는데 깊이 뉘우치며 참회하고 있습니다.

2. 절차진행에 대한 의견

가. 이 사건 이외에 현재 재판진행 중이거나 수사 중인 다른 사건이 있다면, 해당 수사기관이나 법원과 그 사건명, 당사자 명을 기재하여 주시기 바랍니다.

◎ 없습니다.

나. 이 사건 재판을 진행하기 전에 법원에 이야기하고 싶은 특별한 사정이 있습니까?

◎ 피고인은 현재 거주하는 시골마을에서 이장 일을 보고 있으면서 피고인이 경작하는 농작물은 영농법인을 성립하여 운영하고 있는데 한순간 착오로 인하여 돌이킬 수 없는 상황으로 전개되어 모든 것을 내려놓아야 할 처지가 되어 실의에 빠져 있습니다.

◎ 피고인에게 현재 직면해 있는 사정을 비춰보면 절박한 사정도 사정이지만 저로 인하여 고통을 받아야 할 노모님과 가족들 그리고 같이 영농 법인을 이끌어 가시는 농민을 생각하면 걱정 때문에 밤잠을 이루지 못하고 있고, ○○○○. ○○. ○○.오전 ○○:○○에 공판기일이 지정되었다는 사실을 알게 되어 재판일시가 하루하루 앞으로 다가올 때마다 다리가 후들후들 떨리고 눈앞이 캄캄하고 아무것도 보이지 않아 매일 정신을 멍하니 잃고 있습니다.

◎ 피고인에게 가장 걱정이 앞서는 것은 무엇보다도 올해 9순이신 노모님에 대한 걱정입니다. 만일 제가 잘못 되기라도 하면 노모님은 어떻게 되실까 또 우리가족은 누가 생계를 꾸려갈지 걱정이 앞서는 바람에 아무것도 먹지 못하고 눈물로 지세우고 있습니다.

◎ 피고인의 매우 열악한 가정형편을 살피시어 선처를 호소합니다.

◎ 한번만 피고인을 용서해 주신다면 다시는 법정에 서는 일 없도록 하겠습니다.

◎ 피고인은 연로하신 노모님과 가족들 그리고 저 자신을 위해서 그 사고 이후 술을 아예 끊었습니다.

◎ 이제는 음주운전도 저하고는 거리가 먼 일이 되었습니다.

◎ 다 제가 잘못해서 일어난 일인데 절대 남을 탓할 일도 아니라고 생각하고 조금 일찍 일어나서 자전거를 이용하거나 버스를 타고 다니므로 술과를 담을 쌓고 일만 열심히 하고 있습니다. 술을 끊고 나니 무엇보다도 마음이 편합니다. 이제 술 때문에 법정에 서야 할 일도 없는 피고인에게 선처를 간곡히 호소합니다.

다. 이 사건 재판의 절차 진행에 있어, 법원에서 참작해 주기를 바라는 사항이 있으면, 구체적으로 밝혀 주시기 바랍니다.

◎ 본건 공소사실에 대하여 검찰제출의 증거사용에 동의하겠습니다.

3. 성행 및 환경에 관한 의견

가. 가족관계

(1) 가족사항 (사실상의 부부나 자녀도 기재하며 중한 질병 또는 장애가 있는 등 특별한 사정은 비고란에 기재)

관계	성 명	나이	학력	직업	동거여부	비 고
본인	○○○	65	전문대	농업	○	
모	○○○	91	무	무	○	거동이 불편
자	○○○	37	대졸	회사원	○	
녀	○○○	32	대졸	대학원	○	

(2) 주거사항

자가 소유(시가 : 230,000,000원 정도)

전세(보증금 :   원)

월세(보증금 : 원   월   원)

기타(무상거주 :   원)

(3) 가족의 수입

○ 현재 피고인으로서는 영농법인을 운영하거나 농업으로 얻는 수입은 약 280여만 원의 수입으로 온 가족의 생계를 꾸려가고 여기서 노모님의 병원비로 약 70여만을 지출하면서 생활하고 있습니다.

나. 피고인의 학력 · 직업 및 경력

(1) 피고인의 학력

○ 피고인은 가정형편이 어려운 나머지 검정고시를 통하여 늦은 나이로 2년제 전문대학을 졸업하였습니다.

(2) 과거의 직업, 경력

○ 피고인은 2년제 전문대학에서 기계공학과를 졸업하고 현재 영농법인을 운영하고 농사를 짓고 열심히 일하고 있습니다.

(3) 현재의 직업 및 월수입, 생계유지 방법

○ 피고인은 영농법인을 운영하고 농사일을 하여 얻는 약 280여만원의 수입으로 온 가족의 생계를 꾸려가고 여기서 노모님의 병원비로 약 70여만을 지출하며 정말 어렵게 생활하고 있습니다.

(4) 향후 취직을 하거나 직업을 바꿀 계획 유무 및 그 내용, 자격증 등 소지 여부

○ 피고인으로서는 현재 주소지의 농촌마을에서 이장 일을 맡고 있고 주식회사 ○○마을 영농법인을 설립하여 운영하면서 농사를 짓고 나름대로 소임을 다하며 어렵고 힘든 소외계층을 위하여 전심전력을 다해 봉사하는 마음으로 살고 있습니다.

다. 성장과정 및 생활환경(부모나 형제와의 관계, 본인의 결혼생활, 학교생활, 교우관계, 성장환경, 취미, 특기, 과거의 선행 등을 기재)

◎ 피고인은 성격이 활발하며 항상 남에게 베풀고 살겠다는 꿈을 가지고 강원도 양구 최전방에서 태어났지만 어려서부터 아버지께서 지병으로 갑자기 돌아가시자 연로하신 노모님께서는 저희 5남매를 홀로 키워냈습니다.

◎ 나이어린 저로서도 5남매를 키우시느라 늘 고생만 하시는 노모님을 보고 그냥 있을 수 없어서 군에서 제대하고 바로 농사일에 뛰어들어 농사일이라면 안 해본일 없을 정도로 돈을 벌어 우리 가족을 부양했어야 했습니다.

◎ 갑자기 병을 얻어 아내가 저세상으로 떠나고 홀로 어린 아이들을 가르치고 노모님을 부양하고 있습니다.

◎ 특히 피고인은 주말마다 주변에 사시는 이웃주민들을 위하여 경로당에서 식사를 대접하거나 소외계층으로 찾아가 봉사활동도 하는 등 건강은 양호하고 학교생활에서는 친구들과 정말 사이좋게 우정도 돈독했던 친구들이 많고 지금도 군에서 함께 군복무를 하던 전우들과 모임을 기지고 자주 만나고 있습니다.

◎ 피고인은 이번과 같은 범행을 저질러 뼈저리게 뉘우치고 잠시 한눈을 판 점 후회하고 반성하고 있습니다.

라. 피고인 자신이 생각하는 자기의 성격과 장·단점

◎ 피고인은 차분한 성격을 지니고 매사에 적극적으로 해결하려는 의지를 지니고 있습니다.

4. 정상에 관한 의견(공소사실을 인정하지 않는 경우 기재하지 않아도 됨)

가. 범행을 한 이유

◎ 피고인은 군에서 함께 군복무를 하던 전우들과 모임을 가진 장소에서 술을 많이 마시지 않은 상태에서 충분한 휴식을 취한 후 새벽에 이동을 하기 앞서 이 정도이면 운전을 해도 괜찮겠다는 생각으로 운전을 하다가 이번과 같은 사고가 발생한 것으로 피고인은 이유를 막론하고 자복하며 반성하고 있습니다.

◎ 피고인은 뼈저리게 뉘우치고 반성하고 또 반성하고 있습니다.

나. 피해자와의 관계

◎ 모르는 분이 십니다.

다. 합의 여부 (미합의인 경우 합의 전망, 합의를 위한 노력 및 진행상황)

◎ 피고인으로서는 피해자에게 찾아가 합의를 하려고 시도했으나 피해자를 만나지 못하고 있다가 겨우 전화연락이 되어 바로 피해자에게 찾아가 정중히 사과의 말씀을 드리고 저의 잘못으로 입은 피해를 보상하고 싶다고 말씀드리자 피해자 분께서는 30만 원을 요구하셨는데 그 즉석에서 피고인이 고마운 마음으로 50만 원을 드렸더니 기어코 뿌리치시며 30만 원만 받고 합의를 해 주시고 가셨습니다.

◎ 피고인은 합의한 이후로도 피해자 분께 전화하여 어디 불편하신 곳은 없으신지 조금이라도 아픈 곳이 있으면 전화주시라고 수시로 연락드리고 있습니다.

라. 범행 후 피고인의 생활

◎ 피고인은 이 사건 범행의 잘못을 깊이 뉘우치고 위 범행을 자복하며, 지금 이 시간에도 열심히 일하고 있으며 혹시나 노모님께서 피고인에 대한 사고 사실을 아시고 쓰러지시면 어떻게 하나 하는 걱정이 앞서 늘 노심초사하고 있습니다.

◎ 현재 피고인은 숨소리도 노모님 앞에서 죽이고 지내고 있습니다.

마. 현재 질병이나 신체장애 여부

◎ 건강은 양호한 편입니다.

바. 억울하다고 생각되는 사정이나 애로사항

◎ 피고인은 잘못을 깊이 뉘우치고 반성하고 있는 점 들을 두루 살피시어 선처를 간곡히 호소합니다.

◎ 피고인의 착오에 의하여 또 운전을 하여 일어난 사고였지만 피고인은 많은 것을 뉘우치고 잘못을 반성하고 있습니다.

◎ 피고인은 음주운전을 한 것도 큰 문제지만 큰 사고로 이어지지 않아 천만 다행이라 생각하고 열심히 살고 있습니다.

◎ 피고인에게는 연로하신 노모님을 부양해야 한다는 사정을 십분 감안하시어 피고인에게 선처를 바라는 마음 간절합니다.

사. 그 외형을 정함에 있어서 고려할 사항

◎ 다시 한 번 피고인에 대한 선처를 호소합니다.

◎ 피고인은 죽을죄를 졌지만 집에는 피고인만 의지하고 생계를 유지하시는 우리 노모님을 애석하게 여기시고 이번에 한하여 관대한 처벌을 호소합니다.

5. 양형을 위하여 조사해 주기를 바라는 사항

가. 피고인의 부모, 형제, 친척, 친구 등 양형조사를 해주기 바라는 사람의 이름과 연락처를 구체적으로 기재

◎ 없습니다.

나. 피고인의 양형을 위하여 유리한 문서, 서류 기타 관련 증거 등에 관하여 구체적으로(소재지 등) 기재

◎ 없습니다.

6. 법원조사관의 면담을 원하는지 여부

법원조사관을 면담하여 양형에 관한 사실 및 의견에 관하여 도움을 받고 싶은가요?

(1) 원한다(   )

(2) 원하지 않는다(○)

(3) 기타(   )

소명자료 및 첨부서류

1. 가족관계증명서   1통

○○○○ 년 ○○ 월 ○○ 일

위 피고인 : ○ ○ ○   (인)

춘천지방법원 형사 제○단독 귀중

(8)공소장 의견서 - 공무집행방해죄 만취상태로 이성을 잃고 실수하여 선처를 호소하는 의
견서

의 견 서

사　　　　　건 : ○○○○고단○○○○호　공무집행방해

피　고　인 : ○　　　○　　　○

수원지방법원 형사○단독 귀중

의 견 서

사건 : ○○○○고단○○○○호공무집행방해
피고인 : ○○○

이 의견서는 피고인의 진술권 보장과 공판절차의 원활한 진행을 위하여 제출하도록 하는 것입니다. 피고인은 다음 사항을 기재하여 이 양식을 송부 받은 날로부터 7일 이내에 법원에 제출하시기 바랍니다. 진술을 거부하는 경우에는 진술을 거부한다는 내용을 기재하여 제출할 수 있습니다.

이 의견서는 피고인에 대한 양형자료로 사용될 수 있으니 양형에 참작할 유리한 내용이 있는 경우 빠짐없이 기재해 주시기 바랍니다.

1. 공소사실에 대한 의견

가. 공소사실의 인정 여부

(1) 공소사실을 모두 인정함()

(2) 세부적으로 약간 다른 부분은 있지만 전체적으로 잘못을 인정함(○)

(3) 여러 개의 공소사실 중 일부만 인정함()

(4) 공소사실을 인정할 수 없음()

(5) 진술을 거부함()

나. 공소사실을 인정하지 않거나{1의 가. (3), (4) 중 어느 하나를 선택한 경우}, 사실과 다른 부분이 있다고 하는 경우{1의 가. (2)를 선택한 경우}, 그 이유를 구체적으로 밝혀 주시기 바랍니다.

제5장 공소장 의견서 최신서식87

○ 피고인은 평소에는 소주 1병 미만 술을 먹는 편이지만 사건 당일에는 술을 소주 3병정도 마시는 바람에 저 자신을 컨트롤하기 힘들어지는 상황에서 이 사건 범행이 발생 하였고 당일에도 피고인의 처가 경찰서로 나와 귀가한 것으로 기억은 나지만 그전 범행 상황에 대해서는 대부분 기억에 나지 않습니다.

○ 사건 당일 중소기업을 운영하는 사장님에게 고마움에 대한 대접하는 자리로 수원시 ○○구 ○○로길 ○○, 4거리에 있는 ○○식당에서 ○○:○○부터 저녁식사 없이 소주 2병씩 마신 상태였으며 2차로 자리를 옮겨 추가로 소주 1병씩을 더 먹는 바람에 만취 상태가 되어 몸도 가누기 어려운 상태로 사장님을 댁까지 모셔다 드리기 위하여 택시를 타고 장안구 ○○아파트 앞까지 도착하여 사장님을 깨웠으나 일어나지 않아 택시 기사께서 경찰 도움을 받기 위해 112로 전화했으며 출동한 경찰관은 만취한 사장님을 깨워 집까지 택시기사에게 부탁하여 보내고 나서 피고인에게도 귀가 하라고 하니 갑자기 욕을 하면서 가슴으로 출동한 경찰관의 가슴을 두 번 밀쳤다고 공무집행 방해로 지구대로 연행하였다고 하였으나 피고인은 만취상태로 그 사실을 인지하지 못하고 ○○경찰서 사건 조사를 받은 후 피고인의 처와 귀가한 후 그 다음날 피고인의 처가 사건 개요를 알려줘서 알게 되었습니다.

○ 이번 사건을 대하면서

피고인은 출동 경찰관이 귀가하라고 했는데 왜 갑자기 욕을 하고 가슴으로 경찰관이 가슴을 밀었는지 피고인으로서는 이해하기가 어려운 부분이며 당시 피고인은 주량을 초과하여 심신이 미약한 상태에서 생긴 것임에도 불구하고 마치 의도적으로 욕을 하고 범행을 저지른 것으로 오해를 일으킬 수 있는 부분을 솔직하게 재판장님께 진술하고자 하는 마음이 간절할 뿐입니다.

자칫 잘못하면 재판장님께 범행을 부인하는 것으로 비춰질까봐 간단하게 생각나는 대로 사건의 범행동기를 말씀드렸습니다.

부디 술이 과해서 심신이 미약한 상태에서 생긴 의도치 않게 발생한 실수이오니 정상 참작해 주실 것을 간곡히 호소합니다.

○ 이유여하를 막론하고 피고인이 ○○평생을 살아오면서 술을 먹고 이런 실수를 저지른 것은 창피하고 부끄러운 일입니다.

이점에 대해서는 입이 열 개라도 할 말이 없습니다.

정말 죄송하게 생각합니다.

2. 절차진행에 대한 의견

가. 이 사건 이외에 현재 재판진행 중이거나 수사 중인 다른 사건이 있다면, 해당 수사기관이나 법원과 그 사건명, 당사자 명을 기재하여 주시기 바랍니다.

○ 없습니다.

나. 이 사건 재판을 진행하기 전에 법원에 이야기하고 싶은 특별한 사정이 있습니까?

○ 피고인은 이 사건 이후로 술을 먹지 않고 있으며, 또 다시 이런 일이 발생치 않도록 금주하고 있습니다.

○ 이제는 술로 인해 추한 가장이 모습을 보이지 않겠습니다,

○ 피고인으로 인하여 피해자 분께서 마음의 상처를 입었다면 다 시 한번 사죄의 말씀드리고 용서할 때 까지 반성하는 마음으로 살아가겠습니다.

다. 이 사건 재판의 절차 진행에 있어, 법원에서 참작해 주기를 바라는 사항이 있으면, 구체적으로 밝혀 주시기 바랍니다.

○ 본건 공소사실에 대하여 검찰제출의 증거사용에 동의하겠습니다.

3. 성행 및 환경에 관한 의견

가. 가족관계

(1) 가족사항 (사실상의 부부나 자녀도 기재하며 중한 질병 또는 장애가 있는 등 특별한 사정은 비고란에 기재)

관계	성명	나이	학력	직업	동거여부	비고
본인	○○○	○○	대졸	회사원	○	
처	○○○	○○	대졸	자영업	○	
자녀	○○○	○○	대졸	회사원	○	
자녀	○○○	○○	재학중	학생	○	

(2) 주거사항

자가 소유(시가 : ○억 원 정도)

전세(보증금 :　　원,　　　　원)

월세(보증금 :　　　　　　원)

기타(　　)

(3) 가족의 수입

○ 본인 : ○○○만원

○ 처　 : ○○○만원

○ 장녀 : ○○○만원

나. 피고인의 학력·직업 및 경력

(1) 피고인의 학력

　　○ 피고인은 ○○○○년 ○○월경 ○○도 ○○에 있는 ○○초등학교를 졸업했습니다.

　　○ 피고인은 ○○○○년 ○○월경 ○○도 ○○에 있는 ○○중학교를 졸업했습니다.

　　○ 피고인은 ○○○○년 ○○월경 ○○도 ○○에 있는 ○○공업고등학교를 졸업했습니다.

　　○ 피고인은 ○○○○년 ○○월경 ○○○에 있는 ○○대학교를 졸업하였습니다.

(2) 과거의 직업, 경력

　　○ 피고인은 ○○○○. ○○.부터 ○○○○. ○○. ○○.까지 ○○도 ○○군 ○○로 소재 주식회사 ○○○○에서 근무.

　　○ 피고인은 ○○○○. ○○.부터 현재까지 ○○도 ○○시 소재에 있는 ○○○○ 주식회사 서울사무소에 근무 중.

(3) 현재의 직업 및 월수입, 생계유지 방법

　　○ 피고인은 주식회사 ○○○○ 서울사무소 책임자로 ○○년 동안 근무하고 있으며 월 ○○○여만 원의 수입으로 차녀의 대학 학자금 및 전 가족이 생계를 유지하고 있습니다.

(4) 향후 취직을 하거나 직업을 바꿀 계획 유무 및 그 내용, 자격증 등 소지 여부

　　○ 현재 주식회사 ○○○○에 ○○년 동안 근무 중.

다. 성장과정 및 생활환경 (부모나 형제와의 관계, 본인의 결혼생활, 학교생활, 교우관계, 성장환경, 취미, 특기, 과거의 선행 등을 기재)

　○ 피고인의 ○○도 ○○이라는 시골에서 ○형제 중 차남으로 태어 났

으며 부모님은 법 없이도 살아갈 수 있는 분들로 가난과 어려운 환경 속에서도 우리 형제를 대학까지 보낼 정도로 자식들을 사랑 하셨으며 항상 정직하게 세상을 살아갈 수 있도록 엄격하면서도 부드러운 분이십니다.

○ 부모님이 항상 하시는 말씀이 형제들끼리는 우애하고 어려움을 함께 나누며 서로의 힘이 되라는 유지를 받들어 형제 중 막내는 최근에 병사하고 나머지 형제는 서로 우애하고, 서로 도우며 열심히 살아가고 있습니다.

○ ○○○○. ○○. ○○. 지금의 아내를 만나 결혼했으며 신혼 초기에는 서로가 다른 환경, 다른 가정에서 서로가 다르다는 인식을 하지 못하여 트러블도 가지면서 서로를 이해하게 되었으며, 아내의 권유로 믿음을 같이 공유하게 되었으며, 남부럽지 가정을 만들기 위해 서로 노력하며 살아왔습니다,

○ 혼자 시작한 피고인에게 처라는 소중한 사람도 생기고 이제는 예쁜 딸을 둔 가장으로서 한 가정을 이루고 보니 서로의 주장들이 서로를 더 이해하게 되고, 사랑하게 되면서 살아가는 방법을 터득해 나가는 화목한 가정입니다, 가정을 꾸리면 친구가 멀어진다는 이야기가 있지만 피고인에게는 시골 친구들이 많고, 초등학교 동창들까지 무루 만나면서 지금도 서로의 안부를 물으며 더불어 세상을 살아가고 있습니다.

○ 피고인이 성격은 차분하고, 내성적인 성격이었지만 대학시절 친구의 권유로 외향적인성격으로 많이 변하였으며, 원칙을 지키며 살아가고 있으며, 운동을 좋아해서 50대 초반까지는 축구 동호회에서 운동하는 것을 좋아 했습니다.

라. 피고인 자신이 생각하는 자기의 성격과 장·단점

○ 피고인은 차분하게 분석하고 냉정한 판단을 하여 추진을 하지만 잘못된 부분은 인정하고 다시 시작하는 성격이지만 거절을 잘 못하는 단점도 갖고 있습니다.

4. 정상에 관한 의견(공소사실을 인정하지 않는 경우 기재하 지 않아도 됨)

가. 범행을 한 이유

○ 피고인은 지인과 어울려 저녁도 먹지 않은 상태에서 1차에서 술을 2병씩 나눠 마시고 자리를 옮겨 추가로 1병씩을 더 마신 만취한 상태로 거래처 사장님을 집까지 모셔다 드리기 위해 택시를 타고 같이 사장님의 집 앞에 도착했는데 사장님께 일어나지 않는 바람에 기사 분께서 112 도움을 받고자 전화하여 피해자인 경찰관이 출동 하였으며 출동한 경찰관은 사장님을 깨워 집으로 귀가 시키고 피고인에게도 귀가를 종용하였으나 갑자기 욕설을 하며 가슴으로 피고인을 두 번 밀쳤다는 내용으로 공무집행방해죄로 피고인을 연행하려 하여 ○○경찰서로 가서 조사를 받고 피고인의 처가 ○○경찰서로 와서 귀가 한 외에는 제대로 기억하지 못하고 있습니다.

나. 피해자와의 관계

○ 전혀 모르는 분입니다.

다. 합의 여부 (미합의인 경우 합의 전망, 합의를 위한 노력 및 진행상황)

○ 아직 합의를 하지 못하였습니다.

○ 피고인은 경찰서까지 연행되어 조사를 받았다는 것만 보더라도 피해자 분께 잘못한 것 같아서 용서를 빌고 사죄하기 위하여 ○○○○. ○○. ○○. 18:20경 피해자께서 근무하는 ○○지구대로 찾아갔으나 비번이라는 말만 듣고 만나지 못하고 그냥 돌아왔습니다.

○ 다시 그 다음날 ○○:○○경 음료수 박스를 사들고 찾아갔으나 현장으로 출동 중이라고 하여 3시간이 넘도록 기다렸으나 끝내 만나지 못하고 또 그냥 돌아왔습니다.

○ 그 다음날 피고인은 또 지구대로 피해자 분을 찾아갔는데 만났고 피

고인은 지구대 시멘트 바닥에 무릎을 꿇고 다시는 이런일 없도록 하겠다며 사죄하고 용서를 빌었습니다.

○ 그러자 피해자께서는 피고인이 욕설을 한데 대하여 마음의 상처를 받았다고 하면서 좋은 말씀까지 해 주셨습니다.

라. 범행 후 피고인의 생활

○ 피고인은 현재 직장에 충실히 다니고 있으며, 다시 실수를 저지르지 않기 위하여 술도 금주한 상태이며, 매일 마음으로 용서를 빌고자 노력하고 있습니다.

마. 현재 질병이나 신체장애 여부

○ 건강은 만성 고혈압 과 당뇨로 인하여 약을 복용하고 있습니다.

바. 억울하다고 생각되는 사정이나 애로사항

○ 없습니다.

사. 그 외형을 정함에 있어서 고려할 사항

○ 없습니다.

5. 양형을 위하여 조사해 주기를 바라는 사항

가. 피고인의 부모, 형제, 친척, 친구 등 양형조사를 해주기 바라는 사람의 이름과 연락처를 구체적으로 기재

○ 없습니다.

나. 피고인의 양형을 위하여 유리한 문서, 서류 기타 관련 증거 등에 관하여 구체적으로(소재지 등) 기재

○ 없습니다.

6. 법원조사관의 면담을 원하는지 여부

법원조사관을 면담하여 양형에 관한 사실 및 의견에 관하여 도움을 받고 싶은 가요?

(1) 원한다(   )

(2) 원하지 않는다(○)

(3) 기타(   )

○○○○ 년 ○○ 월 ○○ 일

위 피고인 : ○ ○ ○   (인)

수원지방법원 형사○단독 귀중

---

* 각 사항은 사실대로 구체적으로 기재하여야 하며, 기억나지 않는 부분은 기재하지 않아도 됩니다.
* 변호인이나 가족의 도움을 받아 작성할 수 있습니다.
* 진술을 거부하는 경우에는 그 뜻을 기재하여 제출할 수 있습니다.
* 지면이 부족하면 별도의 종이에 적어 첨부할 수 있으며, 참고할 만한 자료가 있으면 함께 제출하시기 바랍니다.

---

(9)공소장 의견서 - 폭력 공동상해 피고인이 공소사실을 부인하고 무죄를 선고해 달라는 의
    견서

의   견   서

사   건 : ○○○○고단○○○○호 폭력행위 등(공동상해)

피 고 인 : ○   ○   ○

부산 서부지원 형사 제1단독 귀중

의　견　서

사　　　　건 : ○○○○고단○○○○호　**폭력행위 등(공동상해)**

피　고　인 : ○　　○　　○

　위 사건에 관하여 피고인은 공소사실의 인정여부에 대하여 다음과 같이 의견을 개진합니다.

- 다　음 -

　이 의견서는 피고인의 진술권 보장과 공판절차의 원활한 진행을 위하여 제출하도록 하는 것입니다. 피고인은 다음 사항을 기재하여 이 양식을 송부 받은 날로부터 <u>7일 이내에</u> 법원에 제출하시기 바랍니다. 진술을 거부하는 경우에는 진술을 거부한다는 내용을 기재하여 제출할 수 있습니다.

　이 의견서는 피고인에 대한 양형자료로 사용될 수 있으니 양형에 참작할 유리한 내용이 있는 경우 빠짐없이 기재해 주시기 바랍니다.

1. 공소사실에 대한 의견

　가. 공소사실의 인정 여부

　　　(1) 공소사실을 모두 인정함(　　)

　　　(2) 세부적으로 약간 다른 부분은 있지만 전체적으로 잘못을 인정함(○)

　　　(3) 여러 개의 공소사실 중 일부만 인정함(　　)

(4) 공소사실을 인정할 수 없음(   )

(5) 진술을 거부함(   )

나. 공소사실을 인정하지 않거나{1의 가. (3), (4) 중 어느 하나를 선택한 경우}, 사실과 다른 부분이 있다고 하는 경우{1의 가. (2)를 선택한 경우}, 그 이유를 구체적으로 밝혀 주시기 바랍니다.

피해자는 피고인으로부터 폭행을 당했다고 주장하고 있으나 피고인은 피해자를 폭행을 하거나 때린 사실이 전혀 없습니다.

피고인이 피해자에게 운전석으로 다가가 내리라고 하자 피해자가 먼저 피고인의 옆구리를 발로 걷어차는 바람에 피고인이 갈비뼈가 부러져 오히려 피해자입니다.

이에 격분하여 피고인이 피해자의 보조석 문으로 올라가 뺨을 한번 때리고 욕한 사실은 있었지만 피해자를 때린 사실은 추호도 없었습니다.

직후 피해자는 피고인에게 앞으로는 난폭운전을 하지 않고 다시는 확성기로 피고인에게 욕설을 하는 없도록 하겠다며 사과까지 하고 헤어졌던 것인데 피고인이 피해자를 구타한 것으로 판단한 잘못이 있습니다.

2. 절차진행에 대한 의견

가. 이 사건 이외에 현재 재판진행 중이거나 수사 중인 다른 사건이 있다면, 해당 수사기관이나 법원과 그 사건명, 당사자 명을 기재하여 주시기 바랍니다.

○없습니다.

나. 이 사건 재판을 진행하기 전에 법원에 이야기하고 싶은 특별한 사정이 있습니까?

피고인으로서는 피해자가 평소에도 위험한 운전으로 피고인에게 위험을 야기하고 있어 시정을 요구하자 피해자는 이에 앙심을 품고 시정은 고사하고 더욱 더 난폭운전으로 피고인을 괴롭혔고 하물며 수위를 높이고 이

제는 확성기까지 휴대하고 다니면서 피고인에게 욕설을 퍼붓는 바람에 피고인이 피해자의 차량을 세우고 항의하기 위해서 운전석으로 다가가 내리라고 하였는데 피해자가 먼저 피고인의 옆구리를 발로 걷어차고 욕을 하여 피고인이 피해자의 보조석 문으로 올라가 뺨을 한번 때리고 욕을 한 사실은 있었지만 피해자를 폭행한 사실은 없었습니다.

피해자가 확성기를 휴대하고 다니면서 피고인에게 욕설을 퍼붓고 행패를 부리는 바람에 뺨을 한번 때렸다고 해서 피고인이 폭력범으로 낙인이 찍히고 이렇게 범법자가 되어 재판을 받아야 한다는 것이 정말 억울하다고 생각이 듭니다.

피고인은 피해자를 구타하거나 폭력을 행사한 사실이 전혀 없습니다.

다. 이 사건 재판의 절차 진행에 있어, 법원에서 참작해 주기를 바라는 사항이 있으면, 구체적으로 밝혀 주시기 바랍니다.

피고인으로서는 여러 번 피해자에게 불쾌한 행동을 하지 말 것을 요구해도 아랑곳하지 않고 확성기까지 휴대하고 이제는 노골적으로 피고인에게 욕설을 하여 피고인이 피해자가 운전하는 차량을 세우고 보조석으로 올라가 뺨을 때린 것이 고작이고 보조석 문에는 공간은 좁아서 주먹을 휘두르고 그러한 실랑이를 벌일 수 없습니다.

상황을 간단하게 말씀드린다면 피해자는 운전석에 앉아 있었고, 피고인은 운전석에 앉아 있는 피해자를 재제하려고 보조석 문을 통해 올라갔지만 간신히 매달려 있는 상태에서 피해자와 몸싸움을 하고 피해자를 때린다는 것은 위치적으로도 불가능한 일입니다.

피고인이 피해자의 차량에 매달려서 그것도 보조석 문으로 올라가서는 제압하기 조차 힘이든 상황에서 폭행을 행사할 위치도 아니었습니다.

이러한 상황에서 피해자는 자신의 잘못을 스스로 인정하고 오히려 피고인에게 미안하다는 말로 사과까지 하고 헤어졌던 것입니다.

또 한 번 재판장님께 호소합니다. 피고인은 피해자를 폭행하지 않았습니다. 다시 한 번 호소합니다. 피고인은 추호도 피해자를 폭행한 사실이 없습니다.

3. 성행 및 환경에 관한 의견

가. 가족관계

(1) 가족사항 (사실상의 부부나 자녀도 기재하며, 중한 질병 또는 장애가 있는 등 특별한 사정은 비고란에 기재)

관계	성 명	나이	학력	직업	동거여부	비 고
본인	○○○	41	고졸	개인사업	○	
처	○○○	35	대졸	주부	○	
자	○○○	11	학생	초등학생	○	
자	○○○	9	학생	초등학생	○	

(2) 주거사항

자가 소유(시가 :　　　　원)

전세(보증금 :　　　　원)

월세(보증금 :　　15,000,000원)

월세 :　200,000 만원)

기타(여인숙,　노숙 등)

(3) 가족의 수입

없습니다.

나. 피고인의 학력·직업 및 경력

(1) 피고인의 학력

고졸

(2) 과거의 직업, 경력

○○톤 트레일러 운전기사 등으로 ○○년 경력을 가지고 있습니다.

(3) 현재의 직업 및 월수입, 생계유지 방법

피고인이 운전으로 얻는 약 5,000,000원 정도에서 기름 값과 유지비 및 트레일러 할부대금을 공제한 약 1,500,0 00원의 수입으로 가족들이 생활하고 있습니다.

(4) 향후 취직을 하거나 직업을 바꿀 계획 유무 및 그 내용, 자격증 등의 소지 여부

없습니다.

다. 성장과정 및 생활환경(부모나 형제와의 관계, 본인의 결혼생활, 학교생활, 교우관계, 성장환경, 취미, 특기, 과거의 선행 등을 기재)

피고인은 ○○○도 ○○시 ○○면에서 조금 떨어진 농촌마을에서 차남으로 태어나 ○○에서 고등학교를 졸업하고 얼마 후 ○○톤 트럭기사로 통영에서 수산물을 횟집으로 배달 또는 운반하는 기사로 생활하다가 지금은 ○○톤 트레일러를 할부로 구입하여 영업을 하고 있지만 ○○톤 트럭을 운영할 당시 아내를 만나 결혼하여 슬하에는 2남이 있으며 친구들과는 수시로 만나 세상 돌아가는 얘기를 나누는 등 친구들에게는 의리 있는 친구로 지내는가하면 아내와는 늘 친구 같이 일을 하면서 일어난 일을 수시로 의논하고 상의할 정도로 사이좋게 지낼 뿐 만 아니라 틈나는 대로 아이들과 아내를 데리고 고아원으로 달려가 사회봉사활동을 하고 있습니다.

라. 피고인 자신이 생각하는 자기의 성격과 장·단점

활발한 성격으로 업무를 추진하는데 항상 최선을 다하고, 의지력이 강하고 업무를 추진능력이 매우 띄어납니다.

4. 정상에 관한 의견(공소사실을 인정하지 않는 경우 기재하지 않아도 됨)

가. 범행을 한 이유

　피고인과 피해자는 같은 트레일러를 구입하여 영업을 하는 관계로 서로 잘 알고 지내는 사이로서, 피해자는 평소에도 위험하기 짝이 없는 트레일러를 운전하면서 조심하지 않고 난폭운전을 하는 등 같은 입장에서 시정을 몇 차례 요구한 사실을 가지고 앙심을 품고 확성기를 휴대하고 다니면서 이제는 노골적으로 피고인에게 욕설을 하는 바람에 피고인이 이러한 피해자의 행동을 항의하는 과정에서 피해자의 차량을 세우고 따지려고 내리라고 하자 먼저 피고인의 옆구리를 발로 차고 폭행을 가하여 피고인으로서는 보조석 문을 통하여 올라가 피해자의 뺨을 때렸던 것이고 피해자도 당시 피고인에게 자신의 잘못을 인정하고 사과한 후 헤어졌던 것이며 추호도 피해자를 폭행한 사실은 없습니다.

나. 피해자와의 관계

　피고인과 피해자는 같은 트레일러를 구입해 영업하는 관계로 잘 알고 있습니다.

다. 합의 여부 (미합의인 경우 합의 전망, 합의를 위한 노력 및 진행상황)

　이유야 어찌되었건 피고인이 피해자에게 뺨을 때렸다고 해서 합의를 할 정도로 상처가 있는 것이 아니기 때문에 합의에 대해서는 일단 유보하고 있으나 피해가 있다면 당연히 합의할 생각을 가지고 있습니다.

라. 범행 후 피고인의 생활

　피고인은 지금 이 시간에도 우리 가족들의 생계유지를 위하여 트레일러를 운전하고 얻어지는 수입으로 생활하고 있습니다.

마. 현재 질병이나 신체장애 여부

　없습니다.

바. 억울하다고 생각되는 사정이나 애로사항

분명한 것은 피고인이 피해자에게 항의하는 과정에서 피해자가 피고인의 옆구리를 발로 걷어차는 바람에 약간의 다툼으로 피해자의 뺨을 때린 것은 사실이나 상해가 있을 정도로 폭력을 행사하지는 않았습니다.

그런데 피해자가 먼저 피고인의 옆구리는 발로 차는 바람에 피고인이 갈비뼈가 부러지는 등 상해를 입은 피해자 인데 뺨을 때렸다고 해서 가해자가 되었다는 것 자체에 너무나 억울합니다.

사. 그 외의 형을 정함에 있어서 고려할 사항

피고인이 뺨을 때렸다고 해서 재판을 받아야 하고 나아가서는 피고인이 운전으로 벌어오는 일당으로 온 가족이 먹고 살고 어린 아이들을 가르쳐야 하는데 만일 제가 잘못되기라도 하면 우리 가족들은 누가 벌어 오는 돈으로 뭘 먹고 살 것을 생각하면 걱정이 앞서 밤에 잠도 제대로 자지 못하고 있습니다.

뺨을 때린 잘못에 대하여 처벌을 받는 것이라면 백번이고 죄를 달게 받겠습니다만, 때리지도 않은 폭력으로 재판을 받아야 하고 온 가족의 생계유지에 위협이 된다면 어찌해야 할 지 걱정부터 앞섭니다.

피고인이 피해자를 때리지 않았습니다.

피고인에 대한 진심을 헤아려 주시고 무죄를 선고해 주시기 고 무죄가 인정되지 않는다면 피고인의 형편과 어렵게 생활하는 가족들을 위하여 법이 허용하는 범위 내에서 관용을 베풀어 선처해 주시기 바랍니다.

5. 양형을 위하여 조사해 주기를 바라는 사항

가. 피고인의 부모, 형제, 친척, 친구 등 양형조사를 해주기 바라는 사람의 이름과 연락처를 구체적으로 기재

피고인의 아내 ○○○(010 - 0000 - 0000)입니다.

나. 피고인의 양형을 위하여 유리한 문서, 서류 기타 관련 증거 등에 관하여 구체적으로(소재지 등) 기재

　　　○○○도 ○○시 ○○로 ○○길 ○○, ○○○-○○○호

6. 기타 [이사건 양형심리를 위하여 필요하다고 생각되는 내용 등을 자유롭게 기재]

사실확인서(피해자가 피고인에게 협박하는 것을 직접 목격하고 ○○○이 작성한 사실확인서)를 면밀히 살펴보시면 평소에도 피해자가 피고인에게 협박을 하였다는 사실이 밝혀질 것으로 보여 집니다.

목격자 ○○○(전화번호 010 - 0000 - 0000)은 같은 트레일러를 운전하는 사람으로 피해자가 피고인에게 앙심을 품고 확성기로 욕설을 하는 것을 목격한 사람으로서 증인으로 소환하여 사고 당일 피해자가 피고인에게 욕설을 하고 먼저 시비를 붙은 사실을 확인할 수 있습니다.

7. 법원조사관의 면담을 원하는지 여부

법원조사관을 면담하여 양형에 관한 사실 및 의견에 관하여 도움을 받고 싶은가요?

(1) 원한다(　　)

(2) 원하지 않는다(○)

(3) 기타(　　)

○○○○ 년 ○○ 월 ○○ 일

위 피고인 : ○ ○ ○　　(인)

부산 서부지원 형사 제1단독 귀중

의 견 서

사　　　　건 : ○○○○고단○○○○호　　강제추행

피　고　인 : ○　　　○　　　○

○○지방법원 형사○○단독 귀중

의 견 서

사   건 : ○○○○고단○○○○호   강제추행
피   고   인 : ○   ○   ○

　이 의견서는 피고인의 진술권 보장과 공판절차의 원활한 진행을 위하여 제출하도록 하는 것입니다. 피고인은 다음 사항을 기재하여 이 양식을 송부받은 날로부터 7일 이내에 법원에 제출하시기 바랍니다. 진술을 거부하는 경우에는 진술을 거부한다는 내용을 기재하여 제출할 수 있습니다.

　이 의견서는 피고인에 대한 양형자료로 사용될 수 있으니 양형에 참작할 유리한 내용이 있는 경우 빠짐없이 기재해 주시기 바랍니다.

1. 공소사실에 대한 의견

　가. 공소사실의 인정 여부

　　(1) 공소사실을 모두 인정함(　　)

　　(2) 세부적으로 약간 다른 부분은 있지만 전체적으로 잘못을 인정함(○)

　　(3) 여러 개의 공소사실 중 일부만 인정함(　　)

　　(4) 공소사실을 인정할 수 없음(　　)

　　(5) 진술을 거부함(　　)

　나. 공소사실을 인정하지 않거나{1의 가. (3), (4) 중 어느 하나를 선택한 경우}, 사실과 다른 부분이 있다고 하는 경우{1의 가. (2)를 선택한 경우}, 그 이유를 구체적으로 밝혀 주시기 바랍니다.

◎ 피고인은 거듭 밝히지만 본건 범행의 성립에 관하여 이를 인정하고 반성하고 있습니다. 다만, 피해자의 진술 중에는 본건 범행 이후의 상황에 관하여 일부 사실과 다른 점이 존재하는데, 그것이 비록 범죄의 성부에 관한 것은 아니지만, 피고인이 후술하는 정상관계에 관한 사항에 관한 의견을 개진함에 있어, 그 전제가 되는 사실관계 부분이기 때문에 이에 관하여 언급하고자 합니다.

2. 절차진행에 대한 의견

가. 이 사건 이외에 현재 재판진행 중이거나 수사 중인 다른 사건이 있다면, 해당 수사기관이나 법원과 그 사건명, 당사자 명을 기재하여 주시기 바랍니다.

○ 없습니다.

나. 이 사건 재판을 진행하기 전에 법원에 이야기하고 싶은 특별한 사정이 있습니까?

○ 없습니다.

다. 이 사건 재판의 절차 진행에 있어, 법원에서 참작해 주기를 바라는 사항이 있으면, 구체적으로 밝혀 주시기 바랍니다.

◎ 본건 범행의 시점 등과 관련하여, 피해자는 그 구체적인 시각까지 정확히 기억하지는 못하지만, 각 사건경과의 순서에 따라 짚어볼 때, 대체로 [①피고인이 피해자에게 문자메시지로"○○"이라고 메시지를 보내고 이에 피해자가 피고인에게"○○○"이라고 메시지를 보냄, ②피고인이 피해자에게 31번 테이블 밖으로 나가서 음악을 틀고 오라고 함, ③피해자가 음악을 틀고 ○○번 테이블로 돌아오자마자 피고인이 갑자기 피해자의 팔을 끌어당겨 껴안고 본건 추행을 함, ④피해자가 이를 뿌리치고 테이블을 정리한 후 범행현장을 벗어남] 순으로 일이 진행되었다고 주장합니다.

◎ 그러나 실제로는,

① 피고인이 피해자에게 음악을 틀고 오라고 하여, 이에 피해자가 ○
○번 테이블 밖으로 나가 음악을 틀기 위해 카운터로 감(CCTV 영
상 기록 시간 01:22)

② 피해자가 음악을 틀고 ○○번 테이블로 돌아오자 곧 피고인이 본건
추행을 함(CCTV 영상 기록 시간 01:24)

③ 피고인이 핸드폰을 찾자 피해자가 밖에 카운터에 있다면서 ○○번
테이블 밖으로 나가서 이를 가지고 ○○번 테이블로 돌아 옴(육안
으로 볼 때 CCTV 영상에 나타난 피해자의 표정은 밝아 보
임)(CCTV 영상 기록 시간 01:27)

④ 피고인이 피해자로부터 건네받은 핸드폰을 가지고 피해자에게"○○"이
라고 카 톡 메시지를 보내고 이에 피해자가 피고인에게"○○○"이라
고 답신메시지를 보냄(문자메시지 수발신 기록 시간 01:29, 01:30)

⑤ 뒤이어 피고인이 피해자에게"이루어질 수 없는 호감이지만 안녕 행
복하세요.","안녕 안녕 이뻐요 만나든 헤어지든 안녕"이라는 문자메
시지를 보냄(여기에는 피해자 무응답) (문자메시지 수·발신 기록 시
간 01:29, 01:30)

⑥ 피해자가 피고인이 마셨던 데킬라, 사과주스 병을 챙겨 31번 테이블
밖으로 나와 이를 냉장고에 집어 넣음(CCTV 영상 기록 시간 01:38)

⑦ 피해자가 ○○번 테이블 밖 테이블을 정리한 후, ○○○에서 나가
범행현장을 완전히 벗어남(CCTV 영상 기록 시간 01:40, 01:41)

◎ 의 순서로 사태가 진행되었습니다.

◎ 이것은 피고인의 어떤 일방적인 주장이 아니라, CCTV의 영상 및 이에
표기된 녹화시간이라는 객관적 자료에 의하여 뒷받침되는 사실입니다.

◎ 그러나 이와 같은 검찰 측의 범행시각 특정은 다음과 같은 점에서 오
류가 있습니다.

첫째, 피고인과 달리 당시 술을 마시지 않아 본건에 대하여 소상히 기

억하고 있는 피해자가 유독 음악을 틀러 ○○번 테이블 밖으로 나간 횟수에 관하여 잘 기억하지 못한다는 것이 쉽게 납득이 가지 않습니다.

둘째, 고소장, 경찰진술, 검찰진술에서 비록 그 횟수를 명시하고 있지는 않으나, 전체적인 진술 취지에 비추어 피해자가 음악을 틀러 ○○번 테이블 밖으로 나간 횟수는 1회였다는 것으로 보입니다.

셋째, 본건 범행시각을 01:35경으로 볼 경우, 피해자가 피고인의 추행을 당하기 전 음악을 틀고 ○○번 테이블로 돌아왔던 시점을 위 ③의 시점인 01:27으로 볼 수밖에 없는데(01:27이 아니라면 위 ①의 시점인 01:22이 되어 오히려 피고인의 주장에 적극 부합), 01:27의 경우 피해자가 피고인의 핸드폰을 가지러 카운터에 갔다가 31번 테이블로 돌아오는 것으로서 위 ①의 경우와 같이 음악을 틀기 위한 컴퓨터에 대한 조작행위 등이 전혀 영상에 나타나지 않고, 무엇보다도 음악을 틀고 돌아와 자리에 앉으려하자마자 추행을 당하였다는 피해자의 진술과 모순을 일으킵니다. 피해자가 01:27에 음악을 틀고 ○○번 테이블로 돌아왔다면 피해자의 위 진술에 따라 적어도 01:27 또는 01:28 정도에 본건 추행이 일어났다고 보아야 하기 때문입니다.

◎ 다만, 후술하는 바와 같이 본건 범행 이후 행해진 위 카톡메시지 교환은 역으로 본건 추행이 그 유형력의 행사나 추행의 정도에 있어 상당히 경미하였다는 점을 역으로 추론할 수 있는 사정이며(상당정도의 유형력, 추행이 일어났다면 피해자가 그와 같은 메시지를 보내기는 어려웠을 것), 또한 피고인이 수사과정에서 처음 경찰 조사 때의 입장을 번복하여 무죄 주장으로 나가게끔 한 동기가 되기도 하는 등 피고인에 대한 양형관계가 관련성이 있습니다. 또한 실제 본건 범행시각을 01:24이라 했을 때 피해자가 본건 범행으로부터 약 ○○분 정도 경과한 이후에 비로소 본건 현장을 벗어난 점도 주목할 만합니다. 이하에서는 이러한 점을 전제로 하여 피고인에 대한 긍정적 양형사항에 관하여 의견을 개진하겠습니다.

3. 성행 및 환경에 관한 의견

가. 가족관계

(1) 가족사항 (사실상의 부부나 자녀도 기재하며, 중한 질병 또는 장애가 있는 등 특별한 사정은 비고란에 기재)

관계	성명	나이	학력	직업	동거여부	비고
본인	○○○	55	대졸	사업	○	
처	○○○	54	대졸	주부	○	
자	○○○	21	재학중	학생	○	

(2) 주거사항

자가 소유(시가 : 540,000,000원),

전세(보증금 :   원),

월세(보증금 :   ,   월세 :   만원),

기타(여인숙, 노숙 등)

○ 피고인의 주택은 아파트 35평형으로서 방 3개 화장실 2개 응접실 등으로 구성되어 있는데 안방은 부부가 사용하고 작은 방에는 아들이 사용하고 방 1개에는 시골에서 노모님이 올라오셔서 사용하고 있습니다.

(3) 가족의 수입

○ 피고인은 경기도 수원시 팔달구 ○○로 ○○, ○○○호 정 마을 빌딩 2층에서 상호 ○○레스토랑 및 호프집을 운영하여 월 1,000만원 상당의 소득을 얻고 있습니다.

나. 피고인의 학력·직업 및 경력

(1) 피고인의 학력

　　◎ ○○초등학교 졸업(○○○○. ○○. ~ ○○○○. ○○.)

　　◎ ○○중학교 졸업(○○○○. ○○. ~ ○○○○. ○○.)

　　◎ ○○고등학교 졸업(○○○○. ○○. ~ ○○○○. ○○.)

　　◎ ○○대학교 졸업(○○○○. ○○.)

(2) 과거의 직업, 경력

　　○ 없습니다.

(3) 현재의 직업 및 월수입, 생계유지 방법

　　○ 피고인은 경기도 수원시 팔달구 ○○로 ○○, ○○○호 정 마을 빌딩 2층에서 상호 ○○레스토랑 및 호프집을 운영하여 월 1,000만 원 상당의 소득으로 전 가족의 생계를 유지하고 있습니다.

(4) 향후 취직을 하거나 직업을 바꿀 계획 유무 및 그 내용, 자격증 등 소지 여부

　　○ 피고인은 컴퓨터정보처리기사 2급자격증을 취득하였고 당분간 지금하고 있는 식당영업을 계속운영하고 합니다.

다. 성장과정 및 생활환경 (부모나 형제와의 관계, 본인의 결혼생활, 학교생활, 교우관계, 성장환경, 취미, 특기, 과거의 선행 등을 기재)

　○ 피고인은 ○○○○. ○○. ○○. 경기도 화성시 ○○로 ○○에서 1남 2녀 중, 장남으로 출생, 당시 부친께서는 농부이셨고, 부친께서는 밭에 배나무를 심고 배도 키우셨습니다.

　○ 이러한 상황에서 부모님께서는 자식들을 걱정하시고, 큰 도회지 수원으로 올라가 공부하고 큰사람이 되어야한다 시며 수원으로 보내 유학생활로 수원에서 고등학교까지 졸업하고 서울로 올라가 대학에서 컴퓨터공학을 전공하였습니다.

○ 피고인은 초등학교부터 고등학교를 졸업할 때까지의 성적은 상위권이 었습니다.

○ 담임선생님의 행동특성에서는 피고인이 "통솔력이 있고, 책임감이 매우 강하다"는 평가도 받았습니다.

라. 피고인 자신이 생각하는 자기의 성격과 장·단점

○ 피고인은 타인에 대한 이해심이 강한 편입니다.

○ 혼자 있는 것을 좋아하고, 성격은 내성적이지만, 대인관계를 피하려는 경향이 있습니다.

○ 또한 깊은 열등감을 가지고 있고, 자신감이 결여되어 있어 실패라는 생각에 대해서는 죄책감을 많이 느끼는 편입니다.

4. 정상에 관한 의견(공소사실을 인정하지 않는 경우 기재하지 않아도 됨)

가. 범행을 한 이유

(1) 유형력의 행사의 정도가 경미한 사정

○ 본건 공소사실 자체에 의하더라도 피고인은 피해자에 대하여 피해자의 반항을 억압할 만한 어떠한 실질적인 폭행이나 협박 또는 위력을 가하여 본건 범행에 이르렀던 것이 아니라, 순간적으로 피해자의 신체에 대한 접촉을 행한 이른바 '기습추행'을 하였던 것인바, 그 유형력의 행사는 상당히 경미한 수준에 그친다 할 것입니다.

○ 또한 상술한 범행 이후 피고인, 피해자 간의 문자메시지 교환 사정에 비추어, 피해자는 당시까지만 하더라도 피고인의 추행의 정도가 그리 심하지 않고 술자리에서의 우발적 행동인 것으로 보아 이를 덮어주고 넘어가려 했던 것으로 여겨집니다(피해자 본인도 피고인이 계속하여 발송하는 문자메시지가 오히려 피해자를 약 올리는 것 같아 고소장을 제출하게 되었다는 취지로 진술한 바 있습니다).

(2) 추행의 정도가 현저히 약한 사정

◎ 본건 공소사실에 의할 때 피고인은 피해자를 껴안고 순간적으로 1차례 그 허리와 둔부를 손으로 만졌던 것으로서, 그 추행의 정도가 다른 강제추행 사안들과 비교하였을 때 상당히 약한 수준인 편입니다.

◎ 통상의 강제추행 사안에 있어 추행을 당한 피해자로서는 최대한 시급히 범인으로부터, 그리고 추행 현장으로부터 벗어나려고 하는 것이 일반적이라 할 것이나, 본건에서 피해자는 피고인에게 본건 추행을 당한 후 곧바로 현장을 박차고 떠났던 것이 아니라, 추행을 당한 이후 본건 현장을 떠나기 전까지 사이에 [①피고인의 핸드폰을 가지러 ○○번 테이블 밖으로 나갔다가 돌아 옴, ②카톡 메시지 교환, ③○○번 테이블 밖으로 나와 술병 등을 냉장고에 넣고 테이블을 치움의 일련의 행위를 하였고, 거기에는 약 17분 상당의 시간이 경과하였습니다.

◎ 추행을 당한 이후 현장에서 벗어나기까지의 과정에 관하여, 처음에 피해자는 경찰에서 추행을 당하자마자 도망쳐 뛰어나왔다는 취지로 진술하였으나, 피고인이 제출한 CCTV 영상 기록에 따라 피해자가 추행 직후 곧바로 도망쳐 뛰어나왔던 것은 아닌 점이 확인되면서, 피해자는 검찰에서 진술할 때 추행을 당하고 바로 도망쳐 나오지 않고 테이블 정리 등을 한 후 나왔다는 것으로 입장을 변경하였습니다.

◎ 피고인의 본건 범행으로 인하여 피해자가 상당한 성적수치심을 입었을 것임은 피고인도 인정하나, 적어도 피해자가 통상의 강제추행 사안과 달리 이처럼 상당 시간이 지난 후 비로소 본건 현장을 벗어났다는 사정은, 피고인의 본건 추행의 정도가 현저히 약한 점을 뒷받침한다 하겠습니다.

나. 피해자와의 관계

○ 피고인이 운영하는 레스토랑에서 일하던 종업원입니다.

다. 합의 여부 (미합의인 경우 합의 전망, 합의를 위한 노력 및 진행상황)

○ 본건 범행은 그 특성상 피고인 본인이 다시 피해자에게 접근하는 것 그 자체만으로도 부담을 줄 수 있는바, 피고인은 피해자에게 본건과 관련하여 어떤 불편을 야기하고 싶은 마음이 전혀 없기에, 피고인 본인의 직접적인 개입 대신 일체의 합의 과정을 피고인의 처를 통하여 진행하고 있으며, 합의에 도달하지 못할 경우 상당금액을 공탁하여 피해자에 대한 피해배상을 위해 노력할 것입니다.

라. 범행 후 피고인의 생활

○ 피고인은 열심히 레스토랑을 운영하고 많은 것을 반성하고 있습니다.

마. 현재 질병이나 신체장애 여부

○ 피고인은 담배는 하지 못하고 건강은 양호합니다.

바. 억울하다고 생각되는 사정이나 애로사항

◎ 피고인은 사건 발생 직후 피해자에게 자신의 잘못을 인정하면서 계속 용서를 구하였고, 제1회 피의자신문에서도 잘 기억나지 않는 부분이 있으나 피해자가 말한 것이 사실일 것이라는 취지로 그 잘못을 일부 인정하였습니다.

◎ 피고인은 본건을 계기로 자신을 돌아보면서 다시는 이와 비슷한 일을 반복하지 않을 것을 맹세하고 있고, 본건 이후로 그 언행에 극히 조심하고 있습니다.

사. 그 외의 형을 정함에 있어서 고려할 사항

◎ 피고인은 형사처벌을 받은 외에 다른 일체의 범죄전력이 없습니다.

◎ 피고인은 이 사건 이전에 성실히 생활하여 왔고, 성실한 레스토랑운영으로 한 때 언론이나 인터넷 블로그를 통해 호평을 받아 왔으며, 부모님 앞으로 된 상당액의 채무도 레스토랑 운영수익으로 완제해 나가는 등 건실한 사회인으로 지내 왔습니다.

5. 양형기준표상 양형에 관한 의견

가. 본건은 양형기준표 적용 대상 사건으로 일반 강제추행죄 영역에 해당합니다. 피고인에 대한 특별양형인자 중 감경요소로는 ①유형력의 행사가 현저히 약한 경우, ②추행의 정도가 약한 경우를 들 수 있고 가중요소는 존재하지 않습니다. 그리고 일반양형인자 중 감경요소로는 진지한 반성을 들 수 있고, 가중요소는 없습니다.

나. 따라서 피고인에 대하여는 일반 강제추행죄의 감경영역에 해당하여 그 형량 권고 범위가 1년 이하의 징역이라 할 것입니다. 그런데 본건의 유형력 행사, 추행의 정도가 현저히 약한 점에 비추어 동종 사안에서 그 형 종을 벌금형으로 선택하는 것에 비추어 피고인에게도 그 형 종으로 벌금형으로 선택하여 주실 것을 간곡히 요청드립니다.

다. 한편, 상술한 것처럼 피고인은 곧 합의서 또는 공탁서를 제출하여 피해자에 대한 피해회복의 점을 소명하도록 할 것인바, 제출 시 이에 대하여도 십분 참작하여 주시기 바랍니다.

6. 신상정보에 관한 공개, 고지명령에 관하여

◎ 본건 범행은 공개명령, 고지명령의 대상이 되는 성폭력범죄에 해당됩니다. 그러나 제37조, 제41조에 따라 신상정보를 공개, 고지하여서는 아니 될 특별한 사정이 있다고 판단되는 경우에는 공개명령, 고지명령을 면제할 수 있다 할 것입니다.

◎ 그리고 이러한 특별한 사정의 판단기준은 피고인의 연령, 직업, 재범위험성 등 행위자의 특성, 해당 범행의 종류, 동기, 범행과정 결과 및 그 죄의 경중 등 범행의 특성, 공개명령 또는 고지명령으로 인하여 피고인이 입는 불이익의 정도와 예상되는 부작용, 그로 인해 달성할 수 있는 성범죄의 예방효과라 할 것인데, 피고인의 경우 ①오랫동안 ○○○을 운영해 오면서 안

정적으로 자영업을 영위하고 있어 그 직업관계가 확실한 점, ②피고인에게 과거 성범죄전력이 일체 없고, 재범위험성보다는 개선가능성이 현저히 높은 점, ③본건 범행이 일반 강제추행 중 그 유형력의 행사나 추행의 정도가 경미한 기습추행에 해당하는 점, ④본건 범행이 피고인이 평소 피해자에 대하여 가졌던 호감의 발로에서 우발적으로 이뤄졌던 것이고, 피해자가 일시적이나마 본건 범행 이후 피고인과 장난스런 카톡메시지를 교환하고 실제 범행 직후 범행 현장에서 벗어나기까지 약 17분 정도의 시간적 간격이 있는 등 본건 범행으로 인한 악성적 결과가 다른 사안과 비교하여 그리 무겁지 아니한 점, ⑤피고인과 그 부모가 현재의 거주지 및 사업장 부근의 토박이로서 지역사회에서 널리 알려져 있어 공개명령, 고지명령으로 인하여 피고인과 그 가족이 입게 되는 인격적 침해는 현저한 반면, 이미 상당한 개선가능성이 예상되는 피고인에게 공개명령, 고지명령을 통하여 달성할 수 있는 성범죄예방의 필요성은 극히 적은 점 등을 고려할 때 <u>공개명령, 고지명령을 면제할 만한 특별한 사정이 있는 경우</u>에 해당된다 할 것입니다.

◎ 따라서 피고인에게 공개명령, 고지명령의 병과를 면제하여 주실 것을 간곡히 요청드립니다.

7. 결론

피고인은 이상의 사정을 종합하여 법이 허용하는 범위 내에서 최대한의 선처와 관용을 베풀어 주실 것을 부탁드리며, 공소기각의 판결을 하여 주실 것을 요청드립니다.

○○○○ 년 ○○ 월 ○○ 일

위 피고인 : ○ ○ ○ (인)

○○지방법원 형사○○단독 귀중

(11)공소장 의견서 - 사기죄 형사재판을 앞두고 있는 피고인이 공소사실을 부인 무죄를 선
　　　　　 고해 달라는 의견서

의 　 견 　 서

사 　　　 건 : ○○○○고단○○○○호 　사기

피 　 고 　 인 : ○ 　 ○ 　 ○

○○○○ 년 ○○ 월 ○○ 일

위 피고인 : ○ 　 ○ 　 ○ 　 (인)

남부지방법원 형사 제○단독 귀중

의　　견　　서

사　　　　건 : ○○○○고단○○○○호　사기

피　고　인 : ○　　○　　○

위 피고사건에 관하여 피고인은 다음과 같이 의견서를 제출합니다.

- 다　음 -

1. 사실관계와 편취 고의여부

가. 고소인과의 이 사건 부동산전대차계약의 체결

○ 피고인 ○○○은 ○○○○. ○○. ○○. 서울시 ○○구 ○○로 ○길 ○○, 이 사건 부동산을 월세 130만원으로 임차하여 2개월 월세를 주고 있다가 투자 금이 필요할 뿐 아니라 고소인도 이 사건 부동산의 인근에 있는 아파트를 임차하기 위하여 알아보고 있었으므로 이에 피고인과 특수한 관계에 있는 고소인에게 1,000만 원의 보증금을 받고 월세는 그대로 고소인이 지급하는 것으로 하여 재 임대 즉 전대차계약을 체결하였습니다.

○ 이러한 과정에서 피고인이 월세 1,000만원 차임에 이 사건 부동산을 임차한 사실을 고지하지 않은 것은 사실이지만, 그렇다고 올 전세 보증금 계약이라고 말한 사실이 전혀 없습니다.

○ 한편, 이 사건 부동산의 소재지는 서울시 ○○구 ○○로 ○길 ○○, 일본인이 많이 거주하고 있어 대부분 보증금을 환산한 월세로 임차하는 경우가 많은 지역으로서 고소인도 다니는 무역회사가 공항 인근에 있

었으므로 동 지역을 잘 알고 있었고 묵시적으로 월세라는 것을 잘 알 수 있었습니다.

○ 물론 명시적으로 월세금원을 고지하지 않은 이유는 피고인이 위 부동산을 임차하여 고소인이 사용하다가 아파트로 바로 이사할 것이라고 해서 고소인도 인지했음을 알았기 때문입니다.

○ 그러나 특히 처음 피고인이 이 사건의 부동산이 보증금 5억 원 상당의 전세계약이라고 말했다는 고소인의 주장은 모두 거짓말입니다.

나. 이 사건 범죄혐의와 편취 고의 유무

(1) 범죄혐의

○ 이 사건 고소인의 고소요지 및 범죄혐의는, 애당초 피고인이 이 사건 월세와 전대차 보증금을 변제할 의사와 능력이 없음에도 계약종결 시 이 사건 보증금을 지급하겠다고 거짓말을 하여 이에 속은 고소인으로부터 전대차 보증금 명목으로 교부받아 이를 편취하였다는 것입니다.

(2) 처음 계약 당시 피의자의 변제능력

○ 그러나 피고인은 처음부터 고소인의 전대차 보증금을 가로채려는 의사가 있었던 것은 아닙니다.

○ 만약, 피고인이 그러한 계획을 가지고 있었더라면 재 임대 후 월세 ○○○만원을 4개월 총 ○,○○○만원을 지급하지도 않았을 것이며, 피고인 소유의 부동산에 고소인에 대한 채무금을 다섯 배를 초과하는 시가 이상의 근저당권으로 선순위 담보를 제공하지도 않았을 것입니다.

○ 따라서 피고인은 위와 같이 처음부터 고소인의 보증금을 변제하려고 마음을 먹었던 것일 뿐 아니라, 아래에 진술하는 바와 같이 일부 금원으로 주식 투자 후 실패하여 월세를 지급하지 못하였던 것입니다.

○ 그리고 이 사건은 실제 금전소비대차계약과 동일한 것으로 보여지며, 통상 대여금 사기는 처음 돈을 빌릴 당시 변제능력이 없음에도 있는 것처럼 거짓말을 하는 것인바, 피고인은 이 사건 전대차계약 당시 다음과 같은 변제능력을 가지고 있었습니다.

① 당시 피고인의 직업은 주식회사 아름다운강산의 관리이사로서 매월 지급받고 있는 급료가 550만원 상당과 경기도 김포시 승가로 ○○길 ○○○, 임야 ○○,○○○㎡ 부동산을 소유하고 있었습니다.

아울러 통상 전세나 재임대의 전대차계약을 하는 이유는 보증금을 활용하기 위한 것으로 이 사건 고소인에게 계약 당시 보증금 용도까지 설명할 이유는 없었고, 실제 이 사건 금원의 사용용도는 ① 3,000만 원을 ○○에 사용하였고, ②2,000만 원은 월세로 충당하였으며, ③1,000만원은 후원금으로 사용하였으며, ④1,200만원을 증권에 투자하였고, ⑤3,000만원을 호텔분양사업체에 투자하였다가 고스란히 손해를 보고 원금을 찾지 못했습니다.

그 동안 수사 시 용도에 대하여 부분적으로 잘못된 진술을 하여 이를 바로잡겠습니다.

2. 사후 변제 금원과 매월 분납 변제계획

◎ 피의자는 앞에서 말씀드린 바와 같이 주식투자 후 남은 금원에 대해서는 이미 고소인에게 변제하였고, 대물변제로 일부를 고소인에게 변제하였고, 기 담보로 제공하였던 부동산으로 일부를 변제하여 최근 고소인을 만나 1,000만 원을 변제하여 피고인이 고소인에게 변제한 금액은 ○○○○. ○○. ○○. 현재 모두 5,000만원에서 2,950원을 변제하여 2,050만원이 남아 있습니다.

◎ 그리고 피고인은 나머지 2,050만원에 대하여 현재 주식회사 아름다운강산에 다니고 있으므로 여기서 지급받는 월 550만원의 급료에서 300만원씩 매월 분할하여 변제하겠다고 고소인에게 제의하였으나 고소인은 이를 거부

하였습니다.

3. 결론

◎ 이상에서 살펴 본바와 같이 피고인은 고소인에 대하여 처음부터 편취의사를 가지고 이 사건 금원을 교부받지 않았습니다.

◎ 피고인은 고소인에게 피해금의 다섯 배에 달하는 부동산을 담보로 제공을 하였으며, 그 외의 2,950만원이나 이미 변제하였으며, 사후에도 변제노력을 하고 있는 점, 처음부터 변제능력을 속이지 않았고 변제의사가 있었고, 고소인에게 피고인의 소유 부동산을 담보로 제공하였기 때문에 아무런 이의를 제기하지 않다가 7년이 지날 무렵 이 사건 부동산이 올 전세보증금 계약이었다고 거짓으로 피고인을 고소한 것입니다.

◎ 위와 같이 제반 사정을 참작하시어 피고인에 대하여"무죄"를 내려 주시기 바랍니다.

소명자료 및 첨부서류

1. 변제영수증 등   1통
1. 담보제공 근저당권설정   1통

○○○○ 년 ○○ 월 ○○ 일

위 피고인 : ○ ○ ○ 　(인)

남부지방법원 형사 제○단독 귀중

의 견 서

사　　　　건 : ○○○○고단○○○○호　공무집행방해

피　고　인 : ○　　○　　○

인천지방법원 형사 제3단독 귀중

의 　 견 　 서

사　　　　건 : ○○○○고단○○○○호　공무집행방해
피　고　인 : ○　　○　　○

　이 의견서는 피고인의 진술권 보장과 공판절차의 원활한 진행을 위하여 제출하도록 하는 것입니다. 피고인은 다음의 사항을 기재하여 이 양식을 송부 받은 날로부터 7일 이내에 법원에 제출하시기 바랍니다. 진술을 거부하는 경우에는 진술을 거부한다는 내용을 기재하여 제출할 수 있습니다.

　이 의견서는 피고인에 대한 양형자료로 사용될 수 있으니 영향에 참작할 유리한 내용이 있는 경우 빠짐없이 기재해 주시기 바랍니다.

1. 공소사실에 대한 의견

　가. 공소사실의 인정여부

　　(1) 공소사실을 모두 인정함(○)

　　(2) 세부적으로 약간 다른 부분은 있지만 전체적으로 잘못을 인정함(　　)

　　(3) 여러 개의 공소사실 중 일부만 인정함(　　)

　　(4) 공소사실을 인정할 수 없음(　　)

　　(5) 진술을 거부함(　　)

　나. 공소사실을 인정하지 않거나(1의 가,③,④ 중 어느 하나를 선택한 경우), 사실과 다른 부분이 있다고 하는 경우(1의 가,②를 선택한 경우) 그 이유 구체적으로 밝혀 주시기 바랍니다.

2. 절차진행에 대한 의견

가. 이 사건 이외의 현재 재판진행 중이거나 수사 중인 다른 사건이 있다면, 해당 수사기관이나 법원과 그 사건명, 당사자 명을 기재하여 주시기 바랍니다.

나. 이 사건 재판을 진행하기 전에 법원에 이야기하고 싶은 특별한 사정이 있습니까?

◎ 없습니다.

다. 이 사건 재판의 절차 진행에 있어, 법원에서 참작해 주기를 바라는 사항이 있으면, 구체적으로 밝혀 주시기 바랍니다.

◎ 피고인은 사건 당일 만취한 상태에서 기억이 잘 나지 않지만 당시 동석했던 친구로부터 사건의 경위를 전해 듣고 아는 것이 전부입니다.

◎ 앞으로는 절대 이러한 일이 없도록 하겠습니다.

3. 성행 및 환경에 관한 의견

가. 가족관계

관계	성 명	나이	학력	직업	동거여부	비 고
본인	○○○	54	고졸	천공기사	○	
처	○○○	50	고졸	주부	○	
자	○○○	27	고졸	무직	○	
녀	○○○	24	대학	학생	○	

(1) 가족사항(사실상의 부부나 자녀도 기재하며, 중한 질병 또는 장애가 있는 등 특별한 사정은 비고란에 기재)

(2) 주거사항

자가 소유(시가 : 배우자명의 290,000,000원 정도)

전세(보증금 :   원)

월세(보증금 :   원, 월세 :   원)

기타(여인숙,   노숙 등)

(3) 가족의 수입

◎ 없습니다.

나. 피고인의 학력·직업 및 경력

(1) 피고인의 학력

◎ 전문대학교졸업

(2) 과거의 직업, 경력

◎ 화물트럭기사(약 27년 정도 경력)

(3) 현재의 직업 및 월수입, 생계유지 방법

◎ 피고인이 화물트럭기사로 일하고 매월 급료로 지급받는 금 3,300,000원의 수입으로 전 가족이 생활하고 있는 실정입니다.

(4) 향후 취직을 하거나 직업을 바꿀 계획 유무 및 그 내용 자격증 등 소지 여부

다. 성장과정 및 생활환경(부모나 형제와의 관계, 본인의 결혼생활, 학교생활, 교우관계, 성장환경, 취미, 특기, 과거의 선행 등을 기재)

◎ 피고인은 인천광역시 강화군에서 출생하여 아버지께서는 몇 년 전에 교통사고로 돌아가시고 현재는 노모님께서 강화도에서 살고계시고 비교적 남부럽지 않은 결혼생활을 하던 중, 배우자가 길에서 넘어지는

사고로 머리를 크게 다쳐 쓰러지는 바람에 인하대학교병원에서 대수술을 받아 치료를 받고 있으며, 피고인은 어릴 때부터 친구들과 잘 어울리는 성격으로 틈나는 대로 사회봉사활동도 하고 있습니다.

라. 피고인 자신이 생각하는 자기의 성격과 장단점

◎ 피고인은 약간의 내성적인 성격으로 참을성이 부족 된다고 봅니다.

4. 정상에 관한 의견(공소사실을 인정하지 않는 경우 기재하지 않아도 됨)

가. 범행을 한 이유

◎ 가까운 친구인 ○○○를 사건 당일 오후 19:50경 부평시내에서 만나 업무와 관련하여 이런 저런 의논을 하다가 술을 마시고 술자리가 끝날 무렵 친구가 그 술집에서 피고인의 차량을 대리 운전할 기사를 불러달라고 부탁하자 대리기사가 술집으로 전화가 왔는데 요금이 얼마냐고 묻자 18,000원이라고 해서 대리기사를 불렀는데 주차장으로 도착한 대리기사는 피고인이 사는 아파트로 들어가면 나올 때는 빈손으로 손님이 없다면서 못가겠다는 태도를 보여 친구가 대리기사에게 요금으로 30,000원까지 지급하였는데 시비를 붙는 바람에 그만 옆에서 그 말을 듣고 있던 피고인이 대리기사와 말다툼을 한 것뿐인데 대리기사가 이에 앙심을 품고 112신고한 것으로 알고 있습니다.

◎ 피고인은 만취상태로 전연 기억은 없습니다만, 그 이튼 날 친구에게 물어보고서야 말다툼을 하고 경찰관이 출동하고 지구대로 연행되어 조사를 받았다는 사실을 알았습니다.

◎ 그러나 친구의 말이나 피고인의 기억으로는 말다툼은 있었지만 그렇다고 해서 피고인이 대리기사나 출동한 경찰관을 폭행한 사실은 기억나지 않습니다.

나. 피해자와의 관계

◎ 대리기사로서 피고인이 친구와 술을 마셨던 술집에서 불렀던 사람으로

피고인은 전연 모르는 사람입니다.

◎ 더 이상은 아무런 생각이 나지 않습니다.

다. 합의여부(미합의인 경우 합의 전망, 합의를 위한 노력 및 진행상황)

◎ 피고인이 폭행을 하였다거나 상대방과 말다툼을 한 것도 만취상태에서 전연 기억을 하지 못하고 있습니다.

◎ 다만, 피고인의 행동으로 인하여 피해를 입은 사실이 있거나 피고인이 변상해야할 것이라면 언제든지 그 피해를 변제하고 합의할 용의가 있습니다.

라. 범행 후 피고인의 생활

◎ 피고인은 현재 각 물류현장마다 다니면서 트럭기사로서의 업무에 충실하고 있습니다.

마. 현재 질병이나 신체장애 여부

◎ 없습니다.

바. 억울하다고 생각되는 사정이나 애로사항

◎ 인간이면 누구나 실수도 할 수 있습니다.

◎ 그렇다고 해서 피고인의 행동이 잘했다는 것은 아닙니다.

◎ 만취한 상태에서 잠시 이성을 잃고 실수를 한 것이지만 대리기사도 피고인의 집까지 가겠다고 해서 대리를 불렀는데 주차장까지 와놓고 나올 때 빈손으로 손님이 없어서 못가겠다고 하는 바람에 순간적으로 그만 감정을 억제하지 못하고 이러한 행동을 한 것에 대하여 깊이 뉘우치고 많은 것을 반성하고 또 반성했습니다.

◎ 피고인은 부양할 노모님과 몸이 많이 아픈 집사람을 생각해서 이러한 행동을 해서는 안 된다고 하면서 이런일을 저지르고 보니 후회가 막심합니다.

◎ 늘 미안하고 부끄러운 행동을 하여 죄송합니다.

◎ 모두가 피고인이 못난 탓입니다.

◎ 불쌍한 우리 아내를 불쌍하게 여기시고 피고인에게 선처를 호소합니다.

사. 그 외의 형을 정함에 있어서 고려할 사항

◎ 피고인의 가정형편은 정말 어렵습니다.

◎ 피고인이 벌어오는 월 3,300,000원의 봉급으로는 아내의 병원비에 약값으로 딸아이의 학비에도 턱없이 부족한 생활을 하는 처지에서 이런 일까지 저질렀다는 자체가 한심해서 참아 얼굴을 들지 못할 지경입니다.

◎ 죽을죄를 졌습니다. 정말 죄송합니다.

◎ 피고인에게 한번 만 기회를 주시면 이참에 아예 술도 끊고 앞만 바라보고 더욱더 열심히 살겠습니다.

◎ 피고인을 선처해 주시길 간절히 호소합니다.

소명자료 및 첨부서류

1. 급여명세서 또는 갑근세내역서   1부

○○○○ 년 ○○ 월 ○○ 일

위 피고인 : ○ ○ ○   (인)

인천지방법원 형사 제3단독 귀중

※ 각 사항은 사실대로 구체적으로 기재하여야 하며, 기억나지 않는 부분은 기재하지 않아도 됩니다.
※ 변호인이나 가족의 도움을 받아 작성할 수 있습니다.
※ 진술을 거부하는 경우에는 그 뜻을 기재하여 제출할 수 있습니다.
※ 지면이 부족하면 별도의 종이에 적어 첨부할 수 있으며, 참고할 만한 자료가 있으면 함께 제출하시기 바랍니다.

의　견　서

사　　　건 : ○○○○고단○○○○호　사기

피　고　인 : ○　　○　　○

광주지방법원 형사 제○단독 귀중

의 견 서

사 건 : ○○○○고단○○○○호 사기
피 고 인 : ○ ○ ○

　위 사건에 관하여 피고인은 공소사실의 인정여부에 대하여 다음과 같이 의견을
개진합니다.

- 다 음 -

1. 본건 공소사실의 요지

　본건 공소사실의 요지는(피고인이 사실은 ○○○직원 채용에 전혀 관여할 수 없
어서 피해자의 조카를 ○○○에 취직시켜 줄 의사나 능력이 없고 피해자로부터
돈을 받더라도 그것을 생활비 등에 사용할 생각이었음에도, 피해자에게 피해자
의 조카를 ○○○에 취직시켜 줄 테니 거기에 필요한 로비자금 명목 등으로 돈
을 달라고 거짓말하여 ○○○○. ○○. ○○.부터 ○○○○. ○○. ○○.까지 총
10회에 걸쳐 금 1,890만원을 교부받아 이를 편취한 것이다)라고 함에 있습니다.

2. 피고인의 변소 요지

　가. 피고인은 피해자로부터 일정 금원을 지급받은 점은 인정합니다. 그러나
　　　피고인은 피해자의 주장처럼 ○○○직원에 대한 로비자금 명목 등으로 돈
　　　을 지급받았던 것이 아니라, 불법 로비와는 무관한 대여금 취지로 돈을
　　　받았던 것입니다. 또한 피고인은 피해자에게 피해자의 조카 ○○○의 ○
　　　○○취업을 위하여 불법 로비를 한다거나 기타 부당한 영향력을 행사하겠
　　　다는 취지로 거짓말을 한 적도 없습니다.

나. 따라서 피고인은 피해자에 대하여 어떠한 기망행위를 하여 돈을 편취한 적이 없으며, 그밖에 달리 사기의 범의가 없었다 할 것입니다.

이하에서는 본건의 기초적인 사실관계를 밝히면서 구체적인 의견을 기술하도록 하겠습니다.

3. 피고인과 피해자가 서로 알고 지내게 된 경위

가. 피고인은 ○○○○. ○○. ○○. 재래시장 내 "○○○○"가게에서 동 가게를 운영하고 있는 지인 ○○○과 대화 중, ○○○으로부터 피해자가 다니던 직장에서 부당하게 해고를 당한 이야기를 전해들은 바 있습니다.

피고인은 당시 ○○○의 ○○○과 위원장 및 ○○건설지부 노동안전 정책부장을 겸직하고 있었는데, 그 직무상 일반 시민들에게 노동법 및 산업재해 관련 분야에 관하여 무료로 상담하여 편의를 제공하는 업무도 수행하고 있었습니다.

이에 따라 피고인의 지인들은 자신이나 주변에 노동 문제 등으로 사건이 발생할 때 피고인에게 종종 조언이나 도움을 구하곤 하였습니다. ○○○도 이러한 맥락에서 피고인에게 피해자의 부당해고 건을 이야기했던 것이고, 이를 통해 피고인과 피해자는 서로 자연스럽게 알게 되었던 것입니다.

나. 그로부터 이틀 뒤 피고인은 ○○○의 소개에 따라 피해자를 만나게 되었고, 피해자와 부당해고 사안에 관한 간단한 면담을 나눈 후 후술하는 바와 같이 그 법적인 구제를 도와주게 되었습니다. 피해자는 수사기관에서 피고인의 동거녀 ○○○를 통하여 피고인을 알게 되었다고 진술한 적이 있으나, 실제로는 이와 달리 피고인이 ○○○의 소개로 피해자를 알게 된 것이 맞습니다.

피고인은 피해자가 ○○○와 전부터 아는 사이였던 것을 나중에서야 비로소 알게 되었습니다.

4. 피고인이 피해자에게 도움을 준 경위

가. 피해자는 ○○○○. ○○. ○○.초순경 식당 하청업체에서 주방 일을 하다

가 ○○보건소에 파견되어 근무를 하던 중, 보행 중에 하수구 뚜껑에 걸려 넘어져 치아 파절 등 상해를 입는 사고를 당한 바 있습니다. 그런데 피해자의 고용주는 피해자의 산업재해보상 처리를 도와주기는커녕, 오히려 피해자의 부상 등을 이유삼아, 사직 종용의 형식을 통해 부당하게 피해자를 해고하였습니다.

나. 피고인은 피해자의 이러한 부당해고 사실을 알게 된 후, 피해자로 하여금 우선 노동위원회에 부당해고 구제신청을 하도록 그 절차 등을 안내해 주고, 이에 따라 시행된 노동위원회의 조사 때에도 피해자와 동석하여 도움을 준 바 있습니다. 피고인은 관계부서에 직접 방문하여 해당 식당 업체 측에서 피해자에 관한 산업재해 발생을 은폐하려는 시도가 있었다고 주장하면서 피해자의 입장을 강력히 대변하기도 하였습니다. 또한 피고인은 피해자, ○○○, 동거녀 ○○○와 함께 문제의 고용주 측을 방문하여 당사자 간의 원만한 합의를 권유하였습니다. 결국 이러한 피고인의 노력 덕분인지, 피해자는 ○○○○. ○○. ○○.경 고용주와 원만히 합의하여 부당해고에 대한 보상을 상당 부분 받을 수 있었습니다. 아마도 피해자는 이때부터 피고인에 대한 신뢰와 감사의 마음을 갖기 시작했던 것으로 보입니다.

다. 이후에도 피고인은 피해자가 다른 직장에서 임금체불 피해를 입게 되었을 때, 대한법률구조공단에서 법률구조를 받아 최저임금액과의 차액 상당 체불임금액을 지급받을 수 있도록 안내해 준 바 있습니다. 또한 피고인은 (피해자의 주장대로라면 피고인에게 사기 범행을 당한 이후인) ○○○○. ○○. ○○.에도, 당시 피해자가 요양사로 근무하던 회사에서 퇴직하고서 퇴직금을 받지 못하고 있자, 노동청 진정 등 구제절차를 안내해 주어 미지급 퇴직금을 지급받을 수 있게 적극적으로 도와줬습니다. 피해자는 피고인이 자신의 미지급 퇴직금을 받을 수 있도록 도와준 것에 대한 감사의 표시로 ○○○○. ○○. ○○. 추석명절에 피고인에게 쌀을 선물로 보내기도 하는 등 피고인과 좋은 관계를 유지하고 있었습니다.

라. 덧붙여 피고인은 피해자의 조카 ○○○의 ○○○취업을 돕는 과정에서 부가적으로 피해자의 남편이 전기 관련 자격증을 취득하는 것을 돕기도 하

였습니다. 이렇듯 피해자는 피고인의 동거녀 ○○○가 자신과 과거부터 친분이 있었던 점, 피고인이 피해자의 근로관계 등에서 발생한 법적 문제의 해결에 자기 일처럼 나서서 도와준 점 등으로 인하여 평소 피고인에게 호감을 갖고 좋은 관계를 가져 왔던 것으로 보입니다.

5. ○○○의 취업에 관한 논의 경위

가. 피해자는 ○○○○. ○○. ○○.경 피고인과 만나서 이야기를 하던 중에 자연스럽게 자신의 조카 ○○○이 아직 구직 중인 점을 알리면서 ○○○에 취직하려면 어떻게 해야 하는지 문의하였습니다. 이에 피고인은 피해자에게 ○○에서 매년 시행하는 정규직원 채용시험이 있음을 알린 후, 피고인이 ○○○정규직원 채용시험 응시에 있어 그 교육 및 편의를 도와줄 수 있으니 나중에 생각이 있으면 연락을 달라는 취지로 이야기하였습니다.

나. 당시 피고인은 피해자에게 피고인이 ○○○측에 어떤 불법 로비나 부당한 영향력을 행사하여 ○○○을 취직시켜주겠다는 취지로 이야기한 바가 전혀 없습니다. 피고인은 ○○○과 위원장으로서 평소 업무를 처리해 오던 중, 협력업체 등을 통하여 ○○측에 일용직 직원을 소개·추천하여 ○○○일용직 모집 및 채용에 많이 관여해 왔었습니다. 피고인은 그밖에도 ○○○의 정규직원 채용 절차 및 요강, 요령 등에 관하여 잘 알고 있었기에, 자기의 경험 및 정보 등을 통하여 ○○○의 ○○취업을 도와줄 수 있다고 했던 것입니다.

다. 참고로 ○○○지역에 있는 9개의 ○○지점에서 운영실 내 일용직 인원이 부족하게 되면, ○○측에서는 협력업체에 대하여 일용직 인원 공급을 의뢰하게 되고, 협력업체에서는 다시 ○○○과 위원장인 피고인의 사무실로 연락을 하게 되는바, 이 때 피고인은 자신이 알고 있는 일용직 직원 후보자를 추천하게 됩니다. 이 경우 ○○측에서는 특별한 사정이 없는 한 피고인이 추천한 후보자를 채용하여 결원을 방지하게 됩니다.

○○○과 위원장의 직무 내용 중에는 전기분과 관련 조합원 등 근로자의 고용창출도 포함되므로, 이와 같은 일용직 근로자의 추천 자체는 전혀 위

법·부당한 것이 아닙니다.

6. 피고인이 ○○○의 취업을 위하여 실제로 행한 구체적 노력

가. 피고인은 ○○○이 ○○정규직원으로 채용될 수 있도록 실제로도 많은 노력을 행한 바 있습니다(로비 등 불법적인 영향력 행사를 말하는 것이 아닙니다). 우선 ○○○이 ○○정규직원 채용 시험에 응시하기 위해서는 몇 가지 관련분야 자격증을 취득할 것이 요구되었는데, 해당 자격증 취득을 위한 강의 수강 등과 관련하여, 피고인은 ○○○에게 그에 따른 교육 및 편의를 제공한 바 있습니다.

나. 일부 편법적인 요소가 있음은 사실이나, 개인으로 학원을 수강하여 등록하게 될 경우 학원비를 달리 반환받지 못함에 반하여, 중간에 전기관련업체를 끼고서 수강을 하게 될 경우 학원비의 일정부분을 환급받을 수 있게 되어 있습니다. 이에 따라 피고인은 ○○○○. ○○. ○○.경 ○○○을 피고인이 알고 있는 "○○○○" 업체에 형식상 입사하게 한 후, 자격증 관련 강의를 수강하게 하여 해당 학원비용을 절감할 수 있도록 도와주었습니다.

다. 피고인은 ○○○○.경부터 전기관련 직종에 종사하여 외선○○에 있어 ○○전공, ○○○전공 등 자격증을 갖고 있었는바 ○○○이 관련 자격증 취득 시험 응시에 있어 그 교육에 직접 도움을 주기도 하였습니다. 즉, 피고인은 ○○○이 ○○○○. ○○. ○○.경 관련 자격증 취득을 위하여 ○○전공 교육을 받을 당시, 2일간 직접 실기 교육을 지도한 바 있습니다. 또한 피고인의 지도 아래 ○○○은 ○○○○. ○○. ○○.경 ○○자격증 관련 교육 이수 후 자격증 취득하고, ○○○○. ○○. ○○.경 ○○○교육, ○○○법 교육을 이수하였습니다. 이후에도 피고인은 ○○정규직원 채용 시험 준비와 관련하여 갈산동 소재 ○○교육장에 ○○○을 데려다가 4일간 집중 교육을 시키기도 하였습니다.

라. 피고인은 ○○○에게 ○○정규직 응시 관련 자격 부문을 자세히 안내하면서, 정규직원 채용시험 응시 전에 ○○의 일용직 일자리가 나오게 되면, 거기에 들어가서 일을 하면서 시험을 준비하자고 조언을 했습니다. 피고

인이 ○○○에게 이와 같이 조언했던 까닭은 ○○에 일용직으로 근무하고 있는 상태에서 ○○정규직원 채용시험에 응시할 경우, 다른 경쟁자들에 비하여 면접 등에서 알게 모르게 가산 요인이 있는 등 유리하기 때문이었습니다(그러나 일용직 근무자를 대상으로 한 특채시험이 따로 있는 것은 아닙니다). 그런데 ○○○은 ○○○○. ○○. ○○.경 시행된 ○○정규직원 채용시험에 응시하였다가 낙방하게 되었습니다.

이에 반하여 피고인이 ○○○에 앞서 ○○취업을 돕고 나섰던 ○○○(피해자의 지인이자 앙숙이기도 한 ○○○의 아들입니다)의 경우 꾸준히 ○○일용직 근로를 하다가 위 ○○정규직원 채용시험에서 합격하였습니다.

마. 피고인은 ○○○의 다음해 ○○정규직원 채용시험 응시를 돕던 중, ○○○ ○. ○○. ○○.경 ○○직원인 이선용으로부터 갈산동 소재 ○○, ○○○사업본부 운영실에 일용직 자리가 하나 비었다는 연락을 받았고, 이에 따라 ○○○으로 하여금 해당 지점에서 일용직 채용 면접을 보게 하였습니다. ○○일용직 직원은 신체건강한 자로서 대형 운전면허 및 전기관련 자격증을 취득하고 있으면 누구든지 채용될 수 있는 자리입니다. ○○○은 이미 ○○○○.동안 피고인의 지도하에 관련 전기자격증을 취득한 상태였고, 피고인의 추천도 있었기에 면접에서 별다른 무리 없이 합격할 수 있었습니다. 그 결과 ○○○은 ○○일용직원으로 채용되어 ○○○○. ○○. ○○.부터 입사하게 되었습니다. 이러한 ○○일용직의 경우 최초에 기본적인 계약기간을 3개월로 잡고, 통상 특별한 사정이 없는 한 계속 계약기간이 갱신되면서 근무할 수 있게 됩니다. 그런데 ○○○은 ○○일용직으로 근무하는 동안 열심히 일하지 않고 다소 불성실한 모습을 보였는바, 이례적으로 계약기간 갱신이 되지 않은 채 ○○○○. ○○. ○○. ○○일용직에서 퇴직하게 되었습니다.

7. 피고인의 본건 금전 차용 경위

가. 피해자는 처음에 피고인이 ○○불법 로비자금 내지 ○○○에 대한 ○○취업 대가명목으로 피고인에게 합계 금 3,700만원을 지급했다고 주장했으

나, 이는 사실과 다릅니다. 즉, 피고인은 피해자로부터 그 때 그 때마다 생활비 등이 필요할 때 돈을 빌렸던 것에 불과합니다. 그 차용 조건과 관련하여, 피해자와 피고인은 그 변제기를 특정시점으로 정하지 않았고, 다만 피고인이 ○○○과 위원장직을 그만두어 본격적으로 자기 사업을 영위하여 돈을 갚을 수 있는 상황이 될 때 이를 상환하기로 합의하였습니다. 이와 같이 합의한 이유는 피고인이 ○○○과 위원장 재직 중에는 달리 영리활동을 하기 곤란하여 당장에 차용금 변제가 어려운 데다가, 피고인과 피해자가 종전에 서로 신뢰관계를 쌓아 왔었기 때문입니다.

나. 실제로 피해자는 당초 고소에서는 피고인이 순전히 로비자금 명목으로 피해자에게서 금 3,700만원 상당을 편취하였다고 극력 주장해 왔으나, 검찰 조사 과정에 이르러 그 진술을 오락가락하더니 위 금 3,700만원 중 상당 부분은 ○○○의 취업과 무관하게 빌려 준 돈이라고 입장을 번복한 바 있습니다. 이에 따라 피고인은 당초 고소 내용인 금 3,700만원의 편취 혐의에서 금 2,000만원 가까이가 피해금액에서 제외되어 본건과 같이 기소되었던 것입니다.

다. 한편, 피해자로서는 피고인이 자신의 조카를 ○○정규직원이 될 수 있도록 도와준다는 점을 감안하여 피고인에게 좋은 조건으로 계속 돈을 빌려준 것일 수 있습니다. 그러나 피고인은 ○○에 대한 로비 등 불법적인 수단을 써서 ○○○을 ○○에 취업시키겠다고 약속한 적도 없고, 어디까지나 피고인 자신의 경력과 요령 등을 통해 ○○○의 취업을 돕겠다고 했을 뿐인바, 피해자가 피고인의 ○○○의 ○○취업을 돕는 것을 고려해 피고인에게 돈을 빌려줬다 하더라도 그것이 어떠한 사기죄에 해당된다고 볼 수 없습니다.

8. 피해자의 본건 고소 경위

피해자가 본건 고소에 이른 주된 이유는 ○○○의 아들 ○○○이 불법 로비 등으로 부당하게 ○○에 입사했다고 몰아감으로써 ○○ 이 ○○을 그만두게 하려는 데 있는 것으로 보입니다. 상술했던 것처럼, 피해자와 피고인은 ○○ ○○. ○○. ○○.경까지만 해도 피해자가 피고인에게 명절 선물을 보내는 등 좋은 관계였는데, 피해자는 ○○○○. ○○. ○○.경 갑자기 고소장을 가지고 ○○○를 만나는가 하면, 피고인에게 문자메시지로 "제부는 가만히 있으라"는 취지의 내용을 보냈다가 급기야는 본건 고소에 이르렀습니다.

9. 피해자 측 진술의 신빙성을 저감시키는 제반사정

가. 피해자는 처음에 힘든 경제적 사정에도 불구하고 피고인에게 조카의 ○○취업 명목으로 합계 금 3,700만원의 거금을 지급했다는 취지로 주장하였습니다. 그러나 아무리 청년실업자가 많은 불황의 시기라 하더라도, ○○정규직원 입사가 대단한 지위와 부를 마련해 주는 것도 아닌데, 피해자가 조카의 취업을 위해 3,700만원이나 되는 돈을 피고인에게 줬다는 것은 쉽게 납득이 가지 않습니다(그리고 본건 공소사실과 같이 그 금액을 1,890만원이라 보더라도 여전히 과다합니다). 더욱이 피해자의 조카 ○○○은 아직 나이도 비교적 젊은 편이고 본건 ○○취업 준비 전에 다른 사업체 운영 경력도 있으며 나름의 학력도 보유하고 있는바, 그와 같은 거액의 돈을 들여 로비를 해 ○○에 들어가느니 차라리 다른 취업이나 사업의 길을 알아보는 것이 정상적이라 할 것입니다.

나. 또한 피고인은 피해자에게서 전부 은행 계좌이체 등 그 거래 자료가 뚜렷하게 남는 방법으로 돈을 지급받아 왔습니다. 만약 피고인이 피해자 주장처럼 불법로비 자금 명목 등으로 돈을 지급받은 것이라면, 이와 같이 그 거래내역이 쉽게 추적되는 방법으로 돈을 지급받는다는 것이 매우 부자연스럽습니다. 알선·청탁 명목으로 돈을 받는 것이라면, 그 거래내역의 추적이 어렵도록 현금 등으로 이를 지급받는 것이 일반적입니다. 게다가 피해자가 증거자료로 귀 수사기관에 제출한 피고인의 금융거래내역의 경우도, 피고인이 먼저 피해자에게 이를 공개·교부한 것인바, 이러한 점은 피고인이 피고인 주장대로 본건 금원을 불법로비 자금 명목 등이 아니라 이와 무관한 차용금조로 받은 사실을 뒷받침한다 할 것입니다.

10.기타 사정

가. 피고인은 ○○○○. ○○. ○○.자 경찰 피고인신문 시행당시 본건 혐의에 대하여 이를 인정한다는 취지로 진술한 바 있습니다. 그러나 그것은 구속수사가 이뤄질 수 있다는 압박, 피고인뿐만 아니라 동거녀 ○○○도 피해를 볼 수 있다는 경고 등에 의하여 심리적 강제를 당한 상태에서, 실제 사실과 달리 진술을 했던 것입니다. 따라서 별첨하는 증거인부서와 같이 그에 관하여 내용부인을 하기로 합니다.

나. 피고인은 피해자로부터 차용한 금원을 아직 제대로 갚지 못하고 있는 점에 대하여 반성하고 있는바, 차후에라도 조속히 돈을 마련하여 이를 곧 상환하도록 하겠습니다.

11.결론

본건의 경우 이미 관련 언론보도 등을 통해서도 피고인이 ○○취업 알선 명목으로 돈을 받아 가로챈 것으로 공표되어 있는 실정인바, 귀원께서도 충분히 피고인에게 본건 혐의에 관한 선입견을 가지실 수 있는 상황임을 피고인 측도 충분히 이해하고 있습니다.

그러나 피고인에게도 위와 같은 억울한 사정들이 다수 존재하는바, 피고인은 귀원께서 적정하게 본건을 조사 · 판단하셔서 피고인의 억울한 점을 풀어 주시기를 간곡히 부탁드립니다.

○○○○ 년 ○○ 월 ○○ 일

위 피고인 : ○ ○ ○   (인)

광주지방법원 형사 제○단독 귀중

의 견 서

사   건 : ○○○○고단○○○○호 업무방해 등

피 고 인 : ○   ○   ○

대구지방법원 형사 제○단독 귀중

의　견　서

위 사건에 관하여 피고인은 공소사실의 인정여부에 대하여 다음과 같이 의견을 개진합니다.

- 다　음 -

1. 석명사항

범죄일람표에 의하면 피해자가 추가 피해를 막는다는 이유로 익명 처리되어 있으나, 업무방해죄에 있어서 피해자가 익명 처리되어 있다는 것은 공소사실이 특정되어 있지 않은 것으로 피고인이 제대로 방어권을 행사할 수 없습니다.

이에 대해서 석명을 구하는 바입니다.

2. 공소사실 중 카페개설 및 운영경위에서 사실과 다른 부분

가. 공소사실에는 "수입확대조치에 대한 정부 입장을 옹호하는 보도만을 한다고 판단하여"(2p)라고 되어 있으나 이는 사실과 다릅니다. 피고인은(이하 "○○○"이라한다)의 편파보도 및 왜곡보도를 시정하기 위해서 광고주 리스트 게재 운동을 벌이게 되었다고 검찰에서 시종일관 진술하였으며, 단순히 입장이 다르다는 이유로 리스트 게재 운동을 한 것이 아닙니다. 뿐만 아니라 보다 더 구체적으로는 ○○○자체에 대해서 왜곡보도를 하였

고, ○○○에 대한 태도를 달리 돌변하였다는 것이 동기가 되었습니다.

첫째, ○○○이 ○○○자체는 특정사회단체가 주도하기보다는 시민들이 자발적으로 거리로 나섰고, 상대적으로 매우 평화적으로 치루어 졌으며, 과도한 경찰폭력의 행사가 있는 등이 실상임에도 불구하고, 촛불시위가 폭력시위이며 시민들의 시위에는 배후세력이 있다는 식의 보도를 끊임없이 하여 많은 공분을 불러 일으켰던 것입니다.

둘째, ○○○에 대하여 부실협상이라는 비판이 제기되어 ○○○○. ○○. ○○. ○○○에 개최되기에 이르자, ○○○는 ○○○○. ○○. ○○. 한국인이 ○○○에 걸릴 위험이 높다고 단정할 수 없고, ○○○는 안전하며, ○○○이 먹는 ○○○와 같으므로 전혀 문제없다는 정부 발표를 아무런 비판이나 반박 없이 그대로 인용하여 보도하였고, ○○○○역시 같은 날'○○'이라는 제목 하에 수입 재개 결정은 국제적 기준과 과학적 근거에 따라 이루어졌고, 전 세계 ○○여 개국이 ○○○를 부위·연령 제한 없이 수입하고 있다'는 정부 발표를 그대로 인용하여 보도하였으며, ○○○○ 근거 없어 라는 제목 하에 '일부 언론과 야당이 선동에 가까운 주장으로 국민 불안을 고조시키고 있다, ○○○을 과장되게 확대 재생산하여 국민에게 공포심을 갖게 하는 것은 바람직하지 않다'라는 여당 측 의견을 그대로 인용하여 보도하였습니다.

○○○○는 ○○○○. ○○. ○○. 먹으면 감염.. 사망률 100%'라는 제목 하에 감염된 가능성이 높은 유전형질을 갖고 있는 것으로 밝혀졌다. 유럽은 인구의 48%, 우리나라는 인구의 98%가 nvCJD에 걸리기 쉬운 유전형질을 보유하고 있다'는 내용의 기사를 게재하였고, ○○○○. ○○. ○○. 육류 공포증이 확산되고 있지만 정부 당국의 대응은 한가하게 느껴지기만 한다... (중략) 국민들의 증폭된 불안감 뒤에는'불신'이 자리잡고 있다. 99.99% 안전해도, 정부가 나머지 0.01%의 위험관리를 확실하게 하고 있다는 믿음을 못 주는 것이다라고 우려에 대한 우려를 표현한 바 있습니다.

따라서 ○○○의 이러한 말 바꾸기 식 보도는 소비자에게 제대로 된 정보를 전달하고, 정부의 정책을 비판해야 한다는 언론의 기본적인 임무를 위배한다는 비판에 직면하게 되었던 것입니다.

3. 피고인의 역할 및 구체적 실행행위에 대하여

피고인은 구체적인 행위(글 게시, 카페 내 역할)에 대해서 대부분 본인이 한 행위에 대해서는 모두 인정하고 있습니다. 다만, 수사 분량이 방대하다 보니 기억이 다소 불일치한 부분 등이 있고 검찰조사과정에서 확인되지 않은 글 등도 공소사실에 게재되어 있어 그 부분에 대해서는 증거기록 열람 후에 추후 의견을 제시하겠습니다. 다만 공소사실 중'치밀하고 철저한 광고압박운동을 선동하였다'는 부분은 사실이 아니고, 피고인은 다음 카페의 일반적인 카페 개설자의 역할 이상을 한 것은 아닙니다.

4. 공모관계 및 구체적 업무방해의 점에 대하여

공소사실은"피고인 및 성명불상의 위 카페 회원들은 순차적, 묵시적으로 광고주압박행위를 공모하였다"고 하는데 피고인은 이에 대해서 공모한 적이 없습니다. 일반적인 온라인 커뮤니티의 특성에 비추어, 피고인을 포함한 모든 카페회원들을 특정단체로 볼 수 없습니다.

또한 그 구성원도 5만 명이 넘는 인터넷카페회원인 불특정 다수인들이 상호 공모를 한다는 것 자체가 불가능할 뿐만 아니라 광고리스트를 보고 전화를 하는 것은 각 개인의 판단일 뿐만 아니라 범죄일람표에 기재된 업체에 전화를 한 사람이 누구인지는 전혀 특정이 되어 있지 않아 그 결과에 대해서 피고인이 책임을 질 수는 없다고 하겠습니다.

특히 예상치 않은 협박이나 욕설이 발생하는데 대하여 피고인은 "고객으로서 품위 있게 의견을 전달할 것"을 수십 차례에 걸쳐 사전 고지하는 등 충분한 주의의무를 다하였습니다.

이 사건과 관련하여 구체적으로 업체에 어떤 피해가 발생하였는지에 대해서 피고인은 아는 바가 없습니다.

왜냐하면 피고인의 의사는 전화를 많이 해서 업무에 지장을 초래하려고 했던 것이 아니라 광고주들을 설득하기 위한 것이었기 때문입니다.

설득하기 위한 전화가 다소 그 숫자가 많았다고 해서 위력일 수 없을 뿐만 아니라 피고인의 의사와 무관하게 욕설이나 협박을 한 사람들의 행위에 대해서 피고인에게 업무방해의 책임을 물을 수는 없으므로 무죄를 선고해 주시기 바랍니다.

○○○○ 년 ○○ 월 ○○ 일

위 피고인 : ○ ○ ○   (인)

대구지방법원 형사 제○단독 귀중

(15)고소인 의견서 - 고소인이 무고 등으로 허위 고소한 것이므로 피고소인이 역무고로 처
벌해 달라는 의견서

의 견 서

사 건 : ○○○○형제○○○○호 무고 등

피 고 소 인 : ○ ○ ○(주민등록번호)

○○○○ 년 ○○ 월 ○○ 일

위 피고소인 : ○ ○ ○ (인)

전주지방검찰청 ○○○검사 귀중

의 견 서

사   건 : ○○○○형제○○○○호 무고 등
피 고 소 인 : ○ ○ ○(주민등록번호)

위 사건에 관하여 피고소인은 다음과 같이 의견서를 제출합니다.

- 다 음 -

1. 매매계약 주장에 관련하여,

(1) 고소인은 피고소인의 소유인 ○○도 ○○군 ○○읍 ○○리 ○○○번지 임야 14,348㎡ 외 14필지를 총 43억 원에 매수하는 계약을 체결하고 ○○○○. ○○. ○○.매매예약의 가등기를 하면서 계약금으로 1억 원을 송금하였고, ○○○○. ○○. ○○. 본등기를 마치고, ○○○○. ○○. ○○.까지 매매대금으로 총 ○,○○○,○○○,○○○원을 지급하였다고 주장하고 있습니다.

① 부동산매매계약을 체결한 사실이 없습니다.

② 돈을 한 푼도 받지 않고 가등기하고 소유권이전등기를 하여 명의신탁입니다.

③ 명의신탁 시 가등기예약금 1억 원도 고소인이 피고소인에게 보냈다가 17분 만에 바로 가지고 갔습니다.

④ 가등기비용과 소유권이전등기비용 및 취득세 등록세를 포함하여 총 ○○,○○○,○○○원도 피고소인이 지급하였습니다.

⑤ 가등기로 명의신탁을 해놓은 것이고 등기비용과 세금까지도 모두 피고

소인이 부담한 명의신탁입니다.

⑥ 설사 신탁부동산을 팔아서 주기로 하고 돈을 받지 않고 넘겨 준 것이 명의신탁입니다.

2. 신탁부동산 매각대금지급과 관련하여,

(1) 고소인은 ○○○○. ○○. ○○.부터 피고소인에게 총 ○,○○○,○○○,○○○원을 지급하였다고 주장하다가 나중에는 총 ○,○○○,○○○,○○○원을 지급하였다고 주장하고 있으나 피고소인이 고소인을 ○○○○. ○○. ○○. ○○지방검찰청 ○○지청에 금 ○,○○○,○○○,○○○원의 횡령 혐의로 고소를 제기하자 수사 과정에서 고소인이 중간에 사람을 내세워 합의를 요청하고 금 ○○억 원을 지급하기로 하면서 금 ○○억 원은 지급하고 나머지 금 ○억 원은 고소인이 가지고 있는 근저당권을 피고소인에게 넘겨주기로 하였는데 피고소인이 고소를 취하하자마자 고소인은 위 근저당권을 현재까지 피고소인에게 넘겨주지 않고 있습니다.

(2) 그래서 피고소인은 고소인으로부터 지급받아야 할 ○,○○○,○○○,○○○원에서 합의하는 과정에서 고소인이 매수인이 구속되는 등 지급받지 못했다는 말에 또 속아 ○○억 ○,○○○만원에서 ○○억 원을 공제한 ○○억 원을 받기로 합의한 것인데 근저당권을 넘겨주지 않아 내용증명을 발송하고 거짓말에 의하여 속아 공제하게 된 금액인 ○○억 원의 지급을 구하는 소송을 제기한 것입니다.

3. 고소인의 무고주장과 관련하여,

(1) 고소인은 피고소인이 ○○○○. ○○. ○○. ○○지방검찰청 ○○지청에 제기한 금 ○,○○○,○○○,○○○원의 횡령으로 고소를 제기하자 합의를 요청하면서 금 ○○억 원을 지급하기로 하고 합의한 사건에 대하여 ○억 원의 근저당권을 이행하지 않아 합의서를 무효로 하고 거짓으로 공제한 금 ○○억 원을 청구하는 민사소송을 제기하자 명의신탁의 목적으로 한 가등기예약을 매매계약 한 것이라면서 피고소인이 명의신탁으로 고소인을 고

소한 것은 무고라고 주장하고 있습니다.

(2) 고소인은 피고소인이 있지도 않은 금 ○,○○○,○○○,○○○원을 명의신탁의 매득금을 횡령하였다고 고소장을 작성하여 ○○지방검찰청 ○○지청에 접수하여 무고하였다고 주장하고 있으나 고소인이 스스로 수사 과정에서 사람을 내세워 합의를 요청하여 합의금 ○○억 원을 지급하기로 합의한 것이지 무고한 것이 아닙니다.

(3) 고소인이 스스로 사람을 내세워 피고소인에게 합의를 요청하였고 ○,○○○,○○○,○○○원 중에서 약 ○○억 원은 매도자 측에서 구속되는 바람에 돈을 못 받은 부분이 있다며 깎아달라고 해서 ○○억 ○,○○○만원 중에서 ○○억 원을 지급하기로 합의하면서 당일 날 13억 원은 지급하고 나머지 ○억 원은 근저당권을 피고소인에게 넘겨주지 않았고 피고소인이 고소를 취하 하자마자 피고소인이 매매계약인데 고소인을 명의신탁이라며 고소하여 무고이고 돈을 달라고 청구하는 것이 소송사기고 합의금으로 고소인 스스로 지급한 돈은 강요에 의한 공갈 협박으로 주장하는 것은 역무고 혐의가 있습니다.

피고소인은 없는 돈을 달라고 청구한 사실도 없고 명의신탁에 의하여 매각대금을 지급하지 않고 그 돈 가지고 고리대금업을 하고 있어 금 ○,○○○,○○○,○○○원을 횡령하여 고소하자 사람을 내세워 합의를 하면서 ○○억 원 중, ○○억 원을 스스로 지급하고 고소취하를 조건으로 내걸었던 것이지 피고소인은 고소인을 고소한 것 외에는 고소인에게 찾아간 적도 없고 사람을 내세워 돈을 달라고 요구한 사실도 없는데 명의신탁을 원인으로 하여 고소취하를 하면서 합의금으로 응당 받을 돈을 받은 것뿐입니다.

피고소인으로서는 응당 명의신탁으로 인한 매각대금을 합의금으로 받아야 할 돈을 받은 것뿐입니다.

피고소인은 이 사건 명의신탁의 부동산을 ○○○○. ○○. ○○.과 ○○○○. ○○. ○○.에 전 소유자 ○○○과 ○○○으로부터 총 ○○필지 총 ○○○,○○○㎡를 총 ○,○○○,○○○,○○○원에 매수한 것으로 등재되어 있으나 실제 등기비용 및 부동산 중개수수료 등 세금을 포함하여 ○,○○

○,○○○,○○○원이나 됩니다.

그래서 피고소인은 고소인에게 명의신탁을 목적으로 가등기예약금을 ○○억 원으로 하였고 가등기예약금 1억 원도 고소인에게 보냈다가 도로 고소인이 ○○분 만에 가지고 간 것이고 가등기비용과 본등기비용을 비롯하여 관련세금까지 총 ○○,○○○,○○○원도 피고소인이 모두 지급하였고 고소인은 단 한 푼도 돈을 내지도 않았고 지급한 사실이 없으므로 명의신탁입니다.

또한 피고소인이 명의신탁 부동산을 취득한 원가가 ○○억 원인데 고소인에게 ○○억 원에 매매할 이유도 없고 그것도 한 푼도 받지 않고 가등기예약금 ○억 원도 피고소인에게 고소인이 보내줬다가 바로 ○○분 만에 다시 가지고 갈 이유가 없었고, 등기비용까지 피고소인이 고스란히 납부하고 가등기와 본등기를 해줄 이유가 없었고 나중에 팔아서 주기로 하였다고 하더라도 돈을 한 푼도 받지 않고 등기를 넘겨준 것이 명의신탁입니다.

명의신탁이기 때문에 등기비용을 피고소인이 부담하면서까지 고소인에게 가등기해주고 소유권이전등기를 해준 것입니다.

4. 강요행위 및 공갈주장과 관련하여,

(1) 고소인은 피고소인이 한 고소사건을 합의를 하지 않으면 곧 구속될 것이다. ○○억 원을 지급하고 근저당권채권 2억 원을 양도한다는 내용의 합의서를 작성케 하여 의무 없는 일을 강요하였고 피고소인의 대리인인 ○○○을 통하여 현금 ○○억 원과 금 ○억 원의 근저당권을 서류를 교부받아 총 ○○억 원의 재물을 갈취하였다고 주장하고 있습니다.

(2) 피고소인은 고소인을 찾아간 사실도 없고 고소인에게 고소사건의 합의를 요구할 필요도 없었고 피고소인은 고소인과 합의하려고 사람을 시켜 부탁한 사실도 없고 고소인이 주장하는 ○○○ 이라는 사람은 피고소인이 내 새운 사람이 아니고 이 사건 이전에 고소인으로부터 소개받아 피고소인이 알았던 사람으로 고소인이 합의하기 위해 내세웠던 사람이고 합의서 또한 고소인이 작성해 온 것이며 피고소인이 작성한 것도 아니며 합의서를 작성케 하여 의

무 없는 일을 강요하지도 않았고 ○○억 원을 받지도 않았지만 ○○억 원을 합의금으로 교부받아 고소를 취하하였던 것이지 갈취한 것이 아닙니다.

(3) 합의서에는 고소인의 인감도장과 인감증명서까지 첨부되어 있고 ○○억 원까지 현금으로 고소인을 대리한 사람인 ○○○이 가지고 나왔고 합의에 의하여 고소를 취하하고 응당 명의신탁에 대한 매각대금을 합의에 의하여 고소인이 스스로 지급한 돈을 받은 것이지 강요에 의하여 갈취한 것이 아닙니다.

고소인은 자신을 대리인으로 내 새운 ○○○을 통하여 자신의 인감도장과 인감증명서와 합의금까지 금 ○,○○○,○○○,○○○원을 건네주고 합의를 체결하고 고소를 취하시킨 후 말을 바꾸고 피고소인의 강요에 의하여 갈취 당했다고 주장하면서 피고소인을 처벌받게 할 목적으로 고소를 제기한 것이므로 고소인을 역무고 혐의로 처벌해야 합니다.

5. 소송사기 주장과 관련하여,

(1) 고소인은 피고소인이 ○,○○○,○○○,○○○원 중, 합의금으로 ○,○○○,○○○,○○○원을 지급받고 나머지 ○,○○○,○○○,○○○원을 받지 못하였으나 그 중 ○,○○○,○○○,○○○원을 ○○○○. ○○. ○○. ○○지방법원 ○○지원에 민사소송을 제기하였으나 ○○○○. ○○. ○○.경 합의서를 체결하면서 ○○억 원과 근저당권양도 ○억 원을 포함하여 총 ○○억 원을 이행하는 조건으로 고소인에 대한 민·형사상 이의를 제기할 수 없는 것임에도 사실을 숨기고 법원을 기망하여 소송사기에 해당한다는 주장입니다.

(2) 고소인은 앞서 피고소인의 강요에 의하여 ○○억 원을 의무 없는 일을 강요하여 갈취 당했다고 고소를 해놓고 여기서는 합의금으로 ○○억 원을 지급하고 민·형사상의 이의를 제기할 수 없는데 ○○억 원을 청구한 것은 소송사기에 해당한다고 상호 모순되는 주장을 하고 있습니다.

그렇다면 고소인은 합의서에 의하여 ○○억 원 중, ○○억 원은 지급하고 아직까지 합의서에 의하여 근저당권 ○억 원을 양도하기로 하였으나 그 이행을 하지 않았습니다.

피고소인은 고소인에게 합의서상의 근저당권 ○억 원을 양도절차를 이행하지 않았으므로 이행을 구하고 불능의 경우 ○억 원을 전보 배상하라는 정당한 청구권에 대하여 사실을 숨기거나 법원을 기망한 사실이 없습니다.

6. 결론

피고소인은 고소인에게 돈을 한 푼도 받지 않고 명의신탁을 목적으로 하여 가등기와 소유권이전등기를 하면서 등기비용과 세금까지 납부하고 이전한 것인데 고소인이 가등기 시 작성하였던 예매계약을 매매계약이라고 주장하면서 피고소인이 고소인을 횡령죄로 고소한 사건에서 고소취하를 전제로 합의하면서 합의금으로 지급한 돈을 있지도 않은 돈을 강요에 의하여 지급한 것이라며 거짓말로 피고소인을 처벌받게 할 목적으로 무고 등으로 고소한 것이므로 고소인을 형법 제156조에 의하여 역 무고혐의로 처벌하여야 합니다.

소명자료 및 첨부서류

1. 가등기예약서	1통
1. 가등기예약금 1억 원 송금 및 반환내역	1통
1. 등기비용지급내역서	1통
1. 합의서	1통

○○○○ 년 ○○ 월 ○○ 일

위 피고소인 : ○ ○ ○ (인)

전주지방검찰청 ○○○검사 귀중

의 견 서

사　　　　건 : ○○○○형제○○○○호 사기

피 의 자 : ○　　○　　○

○○○○ 년 ○○ 월 ○○ 일

위 피의자 : ○ ○ ○　　(인)

부산지방검찰청 ○○○검사 귀중

의 견 서

사   건 : ○○○○형제○○○○호 사기
피 의 자 : ○   ○   ○

 위 사기 피의사건에 관하여 피의자는 혐의가 없으므로 다음과 같이 의견을 개진
합니다.

- 다 음 -

1. 고소사실 요지

 피의자는 고소인에게 돈을 변제할 수 있는 경제적 능력이나 의사가 없음에도
불구하고 합계 금 2억 원에 달하는 차용증을 작성하여 주는 행위로 고소인을
기망하여 위 차용증에 달하는 금액을 교부받아 편취하였다는 것입니다.

2. 이 사건 채권은 대여금으로 사기죄가 성립할 여지가 없습니다.

 가. 피의자가 고소인에게 빌려 사용한 대여금의 총액

  피의자와 고소인은 ○○○○. ○○. ○○.부터 100만원을 빌리는 등으로
시작하여 약 20년간 금전거래를 유지해 왔기 때문에 정확한 대여금액을
파악하기는 사실상 불가능한 상태입니다.

  그러나 이 사건 공소시효 이후 실제 차용한 금액은 5,000만원에서
6,000만원에 불과합니다.

 나. 피의자가 고소인에게 변제한 대여금의 총액

피의자는 고소인에게 은행계좌번호로 이체 및 현금 등 총 7,0 00만 원 이상을 변제하였습니다.

그런데 사실상 위 금원은 은행에서 수표로 출금을 하였는데 고소인은 이를 전부 수령하였음에도 마치 피의자가 지급받았다는 것처럼 증거로 제시하고 있습니다.

다. 수사요청사항

위 수표의 발행된 번호를 조회하여 그 유통경로만 파악하더라도 고소인의 주장이 허위이고 부풀려진 것으로 밝혀질 것이며 피의자가 전부 변제한 것이 입증되는 것이므로 이에 대한 적극적이고도 치밀한 수사를 요청하는 바입니다.

3. 결론

고소인은 조작된 증거를 근거로 이 사건 고소를 한 것이므로 철저히 조사하여 피의자의 억울한 혐의를 빗겨 주시길 바랍니다.

소명자료 및 첨부서류

1. 변제영수증 등   1통

○○○○ 년 ○○ 월 ○○ 일

위 피의자 : ○ ○ ○   (인)

부산지방검찰청 ○○○검사 귀중

의 견 서

사　　　　건 : ○○○○고합○○○○호　횡령 특정경제

피　고　인 : ○　　　　○　　　　○

○○지방법원 제2형사부 귀중

의　　　견　　　서

사　　　　　건 : ○○○○고합○○○○호　횡령 특정경제

피　고　인 : ○　　○　　○

위 사건에 관하여 피고인은 다음과 같이 변론을 준비합니다.

- 다　음 -

1. 이 사건의 핵심 쟁점

이 사건은 주식회사 ○○○○(이하"○○○○"이라고 하겠습니다)이 받을 어음을 피고인이 대금조로 받아서, 이를 할인한 할인금을 공소 외 ○○○ 등의 계좌로 입금하여 소비한 것이 횡령인지, 만약에 횡령이라고 보아야 한다면, 피고인에게 그 횡령의 범의나 불법영득의사가 있었는지가 그 핵심 쟁점입니다.

2. 불법영득의사가 없는 변제 행위

피고인은 ○○○○. ○○. ○○.부터 ○○○○. ○○. ○○.까지 ○○○ 등의 계좌를 통해 ○○○○에 총 948,285,620원을 운영자금조로 입금하였습니다.

피고인이 그렇게 입금한 운영자금은 ○○○○의 회계장부에 단기차입금으로 처리되었습니다. 즉, 피고인은 ○○○○에 총 948,285,620원의 운영자금 반환채권을 가지고 있었던 것입니다.

피고인은 ○○○○의 경리 담당자인 공소 외 ○○○에게 그 회계처리를 지시한 후, ○○○○의 거래처로부터 대금조로 받아온 어음을 취득함으로써 위와 같이 입금한 운영자금 반환채권을 변제받은 것입니다.

피고인은 그렇게 취득한 어음을 할인하여 그 할인금을 ○○○ 등의 계좌로 입금한 것입니다.

그런 행위에 불법영득의사가 있을 리 없습니다.

3. 채무 변제 완료 후의 행위 관련 법리 오해로 인한 기소

이 사건 공소사실의 요지는, 피고인이 ○○○ 등의 계좌에 입금한 돈을 " 임의로"소비함으로써 횡령하였다는 것입니다. 그런데 앞서 본 바와 같이 피고인은 ○○○○이 거래처로부터 대금조로 받은 어음을 피고인이 취득함으로써 운영자금 반환채권을 변제받은 것입니다.

따라서 채무 변제 처리 의사로 위 어음을 받는 시점에서 변제가 완료된 것이므로 그 후에 이루어진 행위인 '그 어음을 할인한 할인금을 누구의 계좌에 입금하고, 입금된 돈을 누가 어떻게 소비하였는지'는 불법영득의사와 관련된 것이 아님이 분명합니다,

그럼에도 불구하고 검찰은 변제 처리 후에 이루어진 행위를 횡령으로 의율 한 것입니다.

4. 어음 할인금을 '임의로' 소비한 것인지 여부

횡령죄는 타인의 재물을 보관하는 자가 그 재물을 횡령함으로써 성립하는 범죄로, 수임자가 위임자를 위하여 제3자로부터 수령한 금전을 "임의로" 소비한 때에는 횡령죄가 성립한다는 것이 우리 대법원의 일관된 입장입니다.[1] 이 사건 공소사실도 그런 맥락으로 검찰이 잘못 보고 기소한 것으로 피고인이 ○○○○이 받을 어음을 할인하여 그 할인금을 "임의로" 소비한 것이 횡령이라는 것입니다.

그러나 "임의로"라 함은, 그 사전적 의미가 "일정한 기준이나 원칙 없이 하고 싶은 대로 하는 것"을 말하고, 피고인이 ○○○○ 대신 거래처로부터 받은 어음을 할인하여, 그 할인금을 ○○○ 등 계좌에 입금하고 소비한 이 사건에 있

---

[1] 가령 2003. 6. 24. 선고 2003도1741 판결 등

어서는 그런"임의로"가 적용되는 사안이 결코 아닙니다.

피고인이 할인한 어음 할인금을 ○○○○에 "알리지 않음으로써 회계처리가 되지 않도록 하고"○○○ 등의 계좌에 입금하고 소비하였을 경우에만 횡령죄에서 말하는'임의로'소비한 행위가 될 것입니다,

상술하면 피고인의 이러한 행위가 위 대법원의 입장과 같이 횡령죄에 해당하려면, ①피고인은 ○○○○이 대금조로 받을 돈을 어음으로 지급 받고, ②이를 ○○○○ 몰래 할인하고, 그 할인금을 ○○○ 등 계좌로 입금하였어야 하며, ③그리하여 ○○○○은 아직 거래처로부터 대금조로 받을 돈이 있다고 인식하고 있어야 합니다.

그런데 피고인은 ○○○○의 경리 담당자인 공소 외 ○○○에게 거래처로부터 대금조로 어음을 받아왔음을 밝히고, 당초 피고인이 ○○○○에 단기차입금으로 입금하였던 돈을 피고인이 받아온 그 어음금과 상계하는 것으로 회계처리를 하도록 지시하였습니다.

만일 ○○○○이 아직 거래처로부터 대금조로 받을 돈이 있다고 인식하고 있다면, 그것은 경리담당자인 공소 외 ○○○이 ○○○○의 받을 어음과 피고인이 입금한 단기차입금을 상계하는 회계처리를 게을리 하였기 때문이지, 피고인이 ○○○○의 거래처로부터 받아온 어음을 ○○○○ 몰래 할인 취득하였기 때문이 아닙니다.

결국 그 경리담당자가 이를 회계 처리를 하여야 함에도 하지 않았음에 불과하므로 피고인에게 '임의로'소비한다는 인식이 전혀 없었습니다.

5. 범의의 부존재

피고인은 ○○○○의 거래처로부터 대금조로 받아온 어음을 ○○○○에 알리고 이를 할인 취득하였으므로, 그 할인금을 임의로 소비한 것에 관하여 피고인에게 횡령의 범의가 있을 리 없습니다.

피고인으로서는 경리담당자인 ○○○에게 그 회계처리를 지시하였으므로, ○○○○의 회계장부상에는 피고인이 입금한 단기차입금이 감소했을 것으로 생

각하고 어음을 할인하여 그 할인금을 소비한 것이기 때문입니다.

6. 국민 참여 재판 대상 사건 부적절 주장의 부당성

검찰은 지난 공판준비기일에서 이 사건은 어느 쪽 법리 주장이 옳으냐의 법적 판단만 남았다고 주장하면서 이 사건은 국민참여재판 대상 사건으로 적절치 않다고 주장하면서 이 사건에 대한 국민참여 재판 결정을 취소하여 달라고 하였습니다.

그러나 이는 부당합니다.

먼저 법적판단을 하기에 앞서서 관련 사실관계에 다툼이 없다고 할 수 없습니다.

피고인이 경리담당자에게 이 사건 문제의 어음 내역을 일일이 적도록 하는 등으로 회계처리를 전제로 한 일련의 행위를 하였음에도 이에 대하여 경리담당자는 하였거나, 법정에서 다른 말을 할 가능성이 있습니다.

회계처리를 하지 않은 사유에 대해서도 딴소리를 하였거나 달리 말할 수 있을 것입니다. 피고인 주장대로라면 그 자체로 불법영득의사가 없다고 판단될 여지가 많으나, 경리담당자가 딴소리를 한다면 판단이 달라질 가능성이 얼마든지 있습니다.

둘째 만에 하나 횡령으로 유죄 평결이나, 판결이 된다고 하여도 피고인과 고소인과의 사이의 금전 관계나 단기차입금 존재 등의 사실 등에 대해서 법원과 배심원들 간에 많은 견해 차이가 있을 수 있고, 그에 따른 양형도 차이가 많이 날 것으로 보입니다.

상사 거래 경험이 없거나 적은 판사들과 그렇지 않은 일반인들과는 차이가 날 것이라고 쉽게 짐작이 될 것입니다.

결국 국민참여 대상사건으로 부적절하다는 검찰의 의견은 지극히 부당하므로 기각되어야 마땅합니다.

7. 결론

<u>피고인이 ① ○○○○이 거래처로부터 대금조로 받아온 어음을 할인하여 그 할인금을 ○○○ 등의 계좌로 입금한 것은 횡령행위가 아니고, ② ○○○ 등의 계좌로 입금한 돈을 임의로 소비한 것은 불법영득의사와 횡령의 범의가 없는 행위입니다.</u>

따라서 피고인에게 무죄가 선고되어야 할 것입니다.

○○○○ 년 ○○ 월 ○○ 일

위 피고인 : ○ ○ ○   (인)

○○지방법원 제2형사부 귀중

의　　　　견　　　　서

사　　　　　건 :　○○○○형제○○○○호　특가법위반(도주)

피　의　자 :　○　　　○　　　○

춘천지방검찰청　○○○검사　귀중

의 견 서

사 　 　 　 건 : ○○○○형제○○○○호 　 특가법위반(도주)

피 의 자 : ○ 　 　 ○ 　 　 ○

위 사건에 관하여 피의자는 다음과 같이 의견을 개진합니다.

- 다 음 -

1. 피의자에 대한 혐의사실

피의자에 대한 혐의사실은 ○○○○. ○○. ○○. ○○:○○경 피의자 소유의 강원 ○○마○○○○호 뉴그랜져 승용차를 운전하여 춘천시 ○○구 ○○○로 ○○, 소재 농로를 ○○방면에서 ○○방면으로 운행하다가 이 사건 사고지점에 이르러 마주오던 차량이 차로 옆 고랑에 빠져 더 이상 진행할 수 없게 되자 피의자는 다시 오던 길로 되돌아가고자 차량을 돌려 후진 운전하려던 차에 후방 진로의 안전을 살피지 못하고, 때마침 피의자의 차량보다 앞서 진행하여 고랑에 빠진 차량으로 인하여 진행하지 못하고 정차중인 이 사건 피해자 ○○○ 소유의 강원 ○○무○○○○호 소나타 승용차 뒤 범퍼 부위를 피의자의 승용차 후미범퍼로 들이받아 그 충격으로 피해자에게 치료일수 약 3주 간의 경추부염좌상 등을 입게 하였고, 피해자 승용차의 뒤 범퍼 교환 등 수리비로 금 ○○○,○○○원 상당 손괴한 후 필요한 구호 조치를 하지 않고 도주 하였다는 것입니다.

2. 이 사건의 경위에 관하여

가. 피의자는 ○○○○. ○○.경 사범대학을 졸업하고 같은 해 4월 교사로 임

용되어 교육공무원으로 근무를 시작하였습니다.

피의자는 그동안 교단에서 수많은 제자들을 가르치며 ○○고등학교교장 등을 걸쳐 경남교육청 사무국장을 끝으로 ○○년의 교직생활을 마무리하고 ○○○○. ○○. ○○. 교단에서 퇴직을 하게 되었습니다.

나. 피의자는 퇴직 후, 특별한 일을 하지 않고 평소 당뇨 및 신장병을 앓고 있는 부인의 병간호를 하면서 지내고 틈틈이 자신의 '○○○○○' 감사업무를 맡고 있어 ○○○에 위치한 종친회 사무실에 나가기도 하였습니다.

다. 피의자는 사무실을 가기 위해 집에서 나올 때 거의 자신 소유의 뉴그랜져 승용차를 운전하여 ○○부근 시영주차장에 차량을 주차한 후, 사무실로 출근하였습니다.

라. 피의자는 이 사건 당일 평소 당뇨병과 신장병으로 투석 중인 부인이, 갑자기 병세가 악화 되어 일어나 걸을 수 없을 정도로 심각한 것 같아서 함께 병원을 가보자며 빨리 집으로 와 달라는 부인의 전화연락을 받고 피의자는 급하게 집으로 귀가를 하게 되었습니다.

마. 피의자는 부인이 혼자 있는 상태에서 혹시 잘못이라도 될까 하는 급한 마음으로 운전을 하게 되었는데, 평소 다니던 길로 가지 않고 빨리 가려는 마음에 차량이 많이 다니지 않는 이면 농로 길을 택하게 되었습니다. 피의자가 이 사건 사고 지점에 이르자 진행방향에서 마주오던 차량이 농로 가장자리에 바퀴가 빠져 도저히 차량이 교행 할 수 없는 상황이었습니다.

바. 피의자는 차량에서 잠시 기다리고 있다가 도저히 시간이 늦어질 것 같아 차량을 되돌려오던 방향으로 되돌아가려고 차량 앞부분을 군부대로 올라가는 길로 틀었다가 다시 차량을 후진하는 도중 진행방향 피의자의 차량 앞에 정차 중이던 피해자 ○○○소유의 강원 ○○무○○○○호 소나타 승용차 뒤 범퍼 부위를 피의자의 차량 후미범퍼로 살짝 스치듯 들이받은 후, 피해자에 대하여 아무런 조치 없이 그냥 가버렸습니다.

3. 이 사건 사고지점 농로길 주변에 대하여

가. 이 사건 사고지점 농로 길은 폭이 약 4미터 정도의 포장도로입니다. 도로 폭이 좁아 차량이 원활한 교행을 할 수가 없습니다. 뿐만 아니라 도로 가장자리는 움푹 파인 상태로 고랑이 져, 항상 물이 고여 초보운전자나 특히 야간운전 시 차량 바퀴가 고랑에 빠지는 사고가 많이 발생되는 지역입니다.

나. 피의자는 이 사건 당일 진행방향 반대에서 오던 차량이 고랑에 바퀴가 빠져 차량이 움직일 수가 없어 한참을 기다리다 하는 수 없이 차량을 후진하여 왔던 길로 되돌아가려고 진행 방향 왼쪽 군부대로 올라가는 언덕길로 자신의 차량 앞부분을 튼 다음 차량을 후진하여 오던 길로 가려고 하였습니다.

다. 그러나 군부대로 올라가는 언덕길은 비포장도로로 당시 도로가 움푹 파인 곳이 많고 울퉁불퉁하여 차량운행 시 몹시 차량이 흔들리고 바퀴에서 많은 소리가 나는 상황이었습니다. 또한 움푹 파인 웅덩이에 물이 고여 차량바퀴가 지나 갈 때마다 물과 흙이 닿는 소리가 들려 고령인 피의자로서는 경미한 충격에 불과하였던 이 사건 사고를 사실상 인식하기 어려웠습니다.

4. 이 사건 사고 당시 정황

가. 피의자는 부인의 병세가 갑자기 악화되어 혹시 무슨 일이라도 생길 수 도 있다는 생각에 다급한 마음으로 무조건 집에 빨리만 가려고 하였습니다.

나. 피의자는 당시 자신의 차량 앞부분을 군부대로 올라가는 언덕 쪽으로 튼 다음 다시 차량을 후진하여 진행하려는 순간 차량 내 룸 밀러로 뒤쪽을 보니 누군가 얼핏 손짓 하는 것 같았습니다. 피의자는 혹시 고랑에 빠진 운전자가 도와 달라는 것으로 생각하고 집에 빨리 가려는 마음에 이

를 묵인하고 그냥 가버리게 되었습니다.

다. 당시 피의자가 후진을 하려고 차량 앞부분을 언덕 쪽으로 틀을 곳은 도로가 비포장도로에다 움푹 파인 곳이 많고 웅덩이에 물이 고여 차체가 몹시 흔들리고 게다가 바퀴에는 물과 흙이 부딪치는 소리가 들려 고령(76세)에다 온갖 신경은 집에 있는 부인 생각뿐인 피의자로서는 피의자의 차량 후미로 피해차량을 부딪친 소리를 인식하지 못할 상황이었습니다.

라. 이 사건 사고 당시 피해자의 진술에 의하면 피해자가 차량에서 나와 그냥 가려고 하는 피의자에게 손짓을 하고 차량 뒷 트렁크 윗부분을 손으로 통통 두드렸는데도 피의자가 정차를 하지 않고 그냥 가버렸다고 진술하고 있으나, 피의자는 정말 위와 같은 소리를 듣지 못하였습니다. 피의자는 위에서 진술한 것과 같이 차량을 후진하여 오던 길로 가려는 순간 차량 룸 밀러로 뒤를 보니 누군가 손짓을 하는 것을 같았지만 혹시 고랑에 빠진 운전자가 도와 달라는 것으로 알고 집에 있는 부인을 빨리 병원에 데려가려는 마음으로 이를 묵인하고 그냥 지나치게 된 것입니다. 만일 피의자가 진정으로 당시 사고 사실을 인식하였다면 절대로 피해자를 그냥 방치하고 가버리지는 않았을 것입니다.

5. 정상관계

가. 피의자는 ○○년 간의 교육자로서 수많은 제자를 가르치며 교육자로서로의 명예를 중요시 여기며 지내오다 ○○○○. ○○.○○. 정년퇴임을 하였습니다. 사고 당일 피의자가 이러한 사고를 직감하고 인식하였다면 절대로 피해자를 그냥 방치하고 도주는 하지 않았을 것입니다.

나. 피의자는 현재 76세의 고령입니다.

모든 사물의 식별 능력 및 감각능력 또한 여는 사람보다 많이 떨어진다고 보여 집니다. 게다가 당일 지병을 앓고 있는 부인의 병이 악화되어 병원을 함께 가야할 급박한 사정이다 보니 마음의 여유가 없어 감지 능력이 더더욱 떨어진 상태였습니다.

다. 피의자는 슬하에 4남1녀의 자녀를 두고 있지만 모두 출가시킨 후, 현재 두 부부가 함께 살고 있습니다. 피의자는 부인의 지병을 간호하면서 지내 왔으며 그동안 별다른 전력 없이 오로지 교육자로서의 올바른 몸가짐으로 생활 하여왔습니다. 만일 이 사건 당일 피의자가 사고 상황을 인지하였다 면 정말 그대로 가버리지는 않았을 것입니다.

라. 이 사건 사고 이후 피의자 차량 뒤 범퍼 후미를 관찰하여본 결과 범퍼의 파손 부분은 전혀 찾을 수가 없고 우측부분에 약간 다른 페인트 색이 묻 은 것이 전부입니다.

마. 피의자의 처는 결국 병세가 악화되어 ○○대학병원(○○○호실)에 입원하 여 간호할 사람이 없어 현재 피의자가 그 곳에서 숙식을 하면서 병간호 를 하고 있는 실정입니다.

라. 피의자는 별다른 전과가 전혀 없으며 이 사고 차량에 종합보험에 가입한 상태이며 많은 반성을 하고 있습니다. 또한 피해자는 이 사건 사고와 관 련하여 보험회사와 금 180만원에 합의를 하여 위 금원을 모두 수령하였 습니다.

6. 결론

가. 피의자는 40여연 간 교육자로서 제자들을 가르치며 일생을 몸담아 왔으 며 명예를 중요시 하면서 지내왔습니다. 그러나 이 사건 사고로 이 모든 것 잃어버리고 말로 표현 할 수 없는 상심에 빠지게 되었습니다.

나. 피의자는 이 사건 당일 차량을 후진하면서 자신의 차량으로 정차중인 피 해자 차량을 받은 것을 인식하였다면 정말 그 자리에서 해결을 했을 것 입니다. 당시 피의자는 차량을 부딪치는 느낌을 인지하지 못하였고 급한 마음 다른 생각은 하지 못하였습니다.

다. 피의자의 처는 현재 병원에 입원 치료 중입니다. 피의자는 이 사건 사고 당시 의도적으로 도주를 하려고 했던 것은 아닙니다. 도로가 울퉁불퉁하여 차량이 부딪치는 소리를 감지하지 못하여 그냥 지나가게 되었던 것입니다.

존경하는 검사님, 피의자에 대하여 이러한 사정을 감안하시어 부디 피의자로 하여금 특정범죄가중처벌등에관한법률위반(도주차량) 혐의로 의율하는 것에 대하여 좀 더 신중한 검토를 바라며 피의자에게 도로교통법위반 혐의를 적용하여 주실 것을 간절히 바랍니다.

○○○○ 년 ○○ 월 ○○ 일

위 피의자 : ○ ○ ○ (인)

춘천지방검찰청 ○○○검사 귀중

의　　　　　견　　　　　서

사　　　　　　　건 : ○○○○고단○○○○호　강제추행

피　고　인 : ○　　○　　○

창원지방법원 형사 제2단독 귀중

의 견 서

사　　　　건 : ○○○○고단○○○○호 강제추행
피　고　인 : ○　　○　　○

위 사건에 관하여 피고인은 다음과 같이 공소장에 대한 의견서를 제출합니다.

- 다　음 -

1. 본건 공소사실 중 범행시각에 관하여,

◎ 피고인은 본건 공소사실을 인정하지만, 그 범행시각에 있어 공소장에 기재된 01:35경은 실제 범행시각과 차이가 있습니다. 즉, 실제 본건 범행이 이뤄졌던 시각은 01:24경입니다.

◎ 공소장에는 01:35경과 피고인이 주장하는 01:24경(CCTV상 기록으로 뒷받침)은 불과 9분 정도의 시간 차이에 불과함에도 굳이 이를 지적하는 이유는, 공소사실 시각이 01:24경이 될 경우, 피고인의 후술하는 주장과 같이 ①본건 범행 이후 피고인과 피해자 간에 "○○○", "○○"이라는 다소 장난스러운 문자메시지를 서로 교환한 점, ②피해자가 본건 범행을 당한 후 다시 범행현장인 31번 테이블에서 나와 카운터에 놓여 있던 피고인의 핸드폰을 가지고 31번 테이블 안으로 들어갈 때 다소 웃는 표정의 얼굴이 CCTV 영상에 확인되는 점, ③피해자가 본건 범행을 당한지 약 17분 정도 지난 후에 비로소 범행현장에서 벗어난 점 등의 범행직후 정황사실이 인정되기 때문입니다.

◎ 실제로 이와 같이 공소사실 시각이 01:24경인 점은 ①CCTV 영상 기록 시각 및 ②문자메시지의 수발신 기록 시각, ③피해자의 진술 중 일부에 의

하여 객관적으로 뒷받침됩니다.

◎ 이와 같은 실제 공소사실 시각의 점에 관하여는 아래 후술하는3.범죄의 성부에 관한 것은 아니나 일부 사실과 다른 피해자의 진술 부분 항목에서 구체적으로 적시하도록 하겠습니다.

2. 증거의 인부에 관한 의견

◎ 검찰에서 제출한 증거기록 중에는 피고인이 주장하는 실제 공소사실 시각이나 피고인의 범행과 문자메시지 교환 등의 선후관계와 다른 취지의 피해자의 진술 등이 존재합니다. 그러나 피고인은 본건 공소사실의 범죄 성립에 대하여 인정하고 있고, 다만 범행 이후의 정황관계에 대하여 검찰 및 피해자의 주장과 일부 다른 의견을 개진하고 있는 것이며, 그와 같은 피고인의 주장은 CCTV 등 객관적 자료에 의하여 소명되어 이와 저촉되는 피해자의 진술 등 부분은 충분히 탄핵 가능한 것으로 여겨지는바, 검찰이 제출한 증거 전부를 본건의 증거로 사용함에 동의합니다.

3. 범죄의 성부에 관한 것은 아니나 일부 사실과 다른 피해자의 진술 부분(실제 본건 범행시각 및 카 톡 메시지 교환 등과의 시간적 선후 관계)

◎ 피고인은 거듭 밝히지만 본건 범행의 성립에 관하여 이를 인정하고 반성하고 있습니다. 다만, 피해자의 진술 중에는 본건 범행 이후의 상황에 관하여 일부 사실과 다른 점이 존재하는데, 그것이 비록 범죄의 성부에 관한 것은 아니지만, 피고인이 후술하는 정상관계에 관한 사항에 관한 의견을 개진함에 있어, 그 전제가 되는 사실관계 부분이기 때문에 이에 관하여 언급하고자 합니다.

◎ 본건 범행의 시점 등과 관련하여, 피해자는 그 구체적인 시각까지 정확히 기억하지는 못하지만, 각 사건경과의 순서에 따라 짚어볼 때, 대체로 [①피고인이 피해자에게 문자메시지로"○○"이라고 메시지를 보내고 이에 피해자가 피고인에게"○○○"이라고 메시지를 보냄, ②피고인이 피해자에게 31

번 테이블 밖으로 나가서 음악을 틀고 오라고 함, ③피해자가 음악을 틀고 31번 테이블로 돌아오자마자 피고인이 갑자기 피해자의 팔을 끌어당겨 껴안고 본건 추행을 함, ④피해자가 이를 뿌리치고 테이블을 정리한 후 범행 현장을 벗어남] 순으로 일이 진행되었다고 주장합니다.

◎ 그러나 실제로는,

① 피고인이 피해자에게 음악을 틀고 오라고 하여, 이에 피해자가 ○○번 테이블 밖으로 나가 음악을 틀기 위해 카운터로 감(CCTV 영상 기록 시간 01:22)

② 피해자가 음악을 틀고 ○○번 테이블로 돌아오자 곧 피고인이 본건 추행을 함(CCTV 영상 기록 시간 01:24)

③ 피고인이 핸드폰을 찾자 피해자가 밖에 카운터에 있다면서 ○○번 테이블 밖으로 나가서 이를 가지고 31번 테이블로 돌아 옴(육안으로 볼 때 CCTV 영상에 나타난 피해자의 표정은 밝아 보임)(CCTV 영상 기록 시간 01:27)

④ 피고인이 피해자로부터 건네받은 핸드폰을 가지고 피해자에게 "○○"이라고 카톡메시지를 보내고 이에 피해자가 피고인에게 "○○○"이라고 답신메시지를 보냄(문자메시지 수발신 기록 시간 01:29, 01:30)

⑤ 뒤이어 피고인이 피해자에게 "이루어질 수 없는 호감이지만 안녕 행복하세요", "안녕 안녕 이뻐요 만나든 헤어지든 안녕"이라는 문자메시지를 보냄 (여기에는 피해자 무응답) (문자메시지 수발신 기록 시간 01:29, 01:30)

⑥ 피해자가 피고인이 마셨던 데킬라, 사과주스 병을 챙겨 31번 테이블 밖으로 나와 이를 냉장고에 집어 넣음(CCTV 영상 기록 시간 01:38)

⑦ 피해자가 31번 테이블 밖 테이블을 정리한 후, ○○○에서 나가 범행현장을 완전히 벗어남(CCTV 영상 기록 시간 01:4 0, 01:41)

의 순서로 사태가 진행되었습니다.

이것은 피고인의 어떤 일방적인 주장이 아니라, CCTV의 영상 및 이에 표기된 녹화시간이라는 객관적 자료에 의하여 뒷받침되는 사실입니다.

특히 본건 추행의 시점과 관련하여 위 ②의 시점인 01:24으로 확정할 수 있는 근거는, 피해자가 총 4회에 걸쳐(고소장, 경찰 진술, 검찰 진술, 수사보고서상 진술) 피고인에게 강제추행을 당한 시점이 피고인으로부터 카운터에 가서 음악을 틀고 오라는 요청을 받고 음악을 틀고 ○○번 테이블로 돌아온 직후라고 분명하게 적시하고 있고, CCTV 영상 기록상 피해자가 카운터에 비치된 컴퓨터를 조작하여 음악을 틀고 돌아 온 때의 시점이 01:24이기 때문입니다.

당초 검찰에서도 이에 관한 피고인의 지적을 의식한 듯, 피해자에 대한 검찰 참고인 조사를 마친 후 피해자에게 유선으로 연락하여 이 사건 당시(○○번 테이블 밖으로 나와) 음악을 튼 횟수가 몇 번인지 물었고, 이에 대하여 피해자는 그것이 1번인지 2번인지 정확히 기억은 나지 않으나 음악을 틀고 돌아온 직후에 추행을 당한 것은 틀림없고, "○○, ○○○" 문자메시지 교환은 강제추행 이전에 있었던 것이라는 취지로 답변하였습니다.

검찰은 이러한 피해자의 수사보고서상 진술을 토대로 하여, 피해자가 정확히 기억은 하지 못하지만 음악을 틀기 위해 31번 테이블 밖으로 2번 나갔을 수 있고, 피해자가 문제의 문자메시지 교환 이후에 강제추행이 있었다고 주장하고 있음에 따라, 카톡메시지 교환 시점(01:29, 01:30)과 피해자가 마지막으로 31번 테이블 밖으로 나간 위 ⑥의 시점(01:38)의 사이인 01:35경으로 본건 범행시각을 특정한 것 같습니다.

그러나 이와 같은 검찰 측의 범행시각 특정은 다음과 같은 점에서 오류가 있습니다.

첫째, 피고인과 달리 당시 술을 마시지 않아 본건에 대하여 소상히 기억하고 있는 피해자가 유독 음악을 틀러 31번 테이블 밖으로 나간 횟수에 관하여 잘 기억하지 못한다는 것이 쉽게 납득이 가지 않습니다.

둘째, 고소장, 경찰진술, 검찰진술에서 비록 그 횟수를 명시하고 있지는 않으나, 전체적인 진술 취지에 비추어 피해자가 음악을 틀러 ○○번 테이블 밖으로 나간 횟수는 1회였다는 것으로 보입니다.

셋째, 본건 범행시각을 01:35경으로 볼 경우, 피해자가 피고인의 추행을 당하기 전 음악을 틀고 ○○번 테이블로 돌아왔던 시점을 위 ③의 시점인 01:27으로 볼 수밖에 없는데(01:27이 아니라면 위 ①의 시점인 01:22이 되어 오히려 피고인의 주장에 적극 부합), 01:27의 경우 피해자가 피고인의 핸드폰을 가지러 카운터에 갔다가 31번 테이블로 돌아오는 것으로서 위 ①의 경우와 같이 음악을 틀기 위한 컴퓨터에 대한 조작행위 등이 전혀 영상에 나타나지 않고, 무엇보다도 음악을 틀고 돌아와 자리에 앉으려하자마자 추행을 당하였다는 피해자의 진술과 모순을 일으킵니다. 피해자가 01:27에 음악을 틀고 ○○번 테이블로 돌아왔다면 피해자의 위 진술에 따라 적어도 01:27 또는 01:28 정도에 본건 추행이 일어났다고 보아야 하기 때문입니다.

결국 검찰 측은 본건 추행 이전에 문제의 문자메시지 교환이 있었다는 피해자의 진술에 충실하려 한 나머지, 본건 범행시각을 위 문자메시지 교환 시점 이후인 01:35으로 특정한 것으로 볼 수 있는데, 이것은 다른 한편으로 음악을 틀고 ○○번 테이블로 돌아 와 앉으려 하자마자 추행을 당했다는 피해자의 진술과 모순을 빚게 된 것입니다. 결국 이런 이유에서 본건의 실제 범행시각은 피고인이 주장하는 01:24로 보는 것이 타당합니다(피해자가 이에 관하여 일부 사실과 다른 진술을 한 것은, 자신의 의사에 반하여 피해자에게 추행을 당한 것은 틀림없는데, 피고인이 위 카 톡 메시지 교환 시점의 선후관계를 들어 극력 무죄를 주장하고 있고, 이로 인하여 실제와 달리 피고인에게 무혐의 처분이 내려질까 우려해서 그렇게 했던 것이 아닐까 추측해 봅니다).

이와 같이 본건의 실제 범행시각을 01:24으로 확정할 때, 피해자는 피고인에게서 본건 추행을 당한 이후(01:29, 01:30)에 피고인과 "○○", "○○○" 문자메시지를 주고받았던 것이 맞습니다. 또한 피해자가 01:24경 추행을 당하고서 다시 피고인의 핸드폰을 가지러 31번 테이블을 나가 카운터로 가는 시점인 01:27경에는 CCTV상 그 표정이 다소 밝아 보이기까지 합니다. 피해자가 피고인에게 강제추행을 당한 이후, 피고인의 카톡메시지에 대하여 피해자가"○○"이라는 답신메시지를 보낸 것은 통상의 강제추행 사례와 비교하여 일반적인 반응은 아니라 할 것입니다. 다만 피고인으로서는 위 메시지 화답의 정확한 의도나 동기를 헤아릴 수는 없지만, 설혹 피해자가 해당 문자메시지를 발송할 때까지만 하더라도 피고인에게 추행을 당한 것은 맞지만 이를 덮어두고 넘어갈 생각도 있었는데, 그 이후에 피고인이 추가로 보낸 문자메시지가 피해자를 계속 희롱하는 것으로만 여겨져 본건 고소에 이르게 된 것이 아닐까 조심스럽게 추측해 봅니다.

그러나 이러한 문자메시지 교환 시점의 선후관계에 대한 확인은 본건 혐의를 부인하기 위한 의도에서 하는 것이 결코 아닙니다. 피고인은 애당초 이미 피해자의 의사에 반하여, 피해자의 어떠한 명시적, 묵시적 동의도 없는 상태에서(그리고 그러한 동의가 추단될 만한 유대관계가 형성된 것도 아닌 상태에서) 일방적으로 피해자에 대한 신체접촉을 행하였다는 점에서 본건 범죄의 성립을 인정·반성합니다. 피고인은 본건 범행 후에 피해자와 위 문자메시지를 주고받았다고 해서 그것이 소급적으로 기왕에 실현된 강제추행죄의 구성요건을 조각한다거나, 피해자의 구성요건적 양해를 추단하게 하는 사정이라고 보지도 않습니다.

다만, 후술하는 바와 같이 본건 범행 이후 행해진 위 카톡메시지 교환은 역으로 본건 추행이 그 유형력의 행사나 추행의 정도에 있어 상당히 경미하였다는 점을 역으로 추론할 수 있는 사정이며(상당정도의 유형력, 추행이 일어났다면 피해자가 그와 같은 메시지를 보내기는 어려웠을 것), 또한 피고인이 수사과정에서 처음 경찰 조사 때의 입장을 번복하여 무죄 주장으로 나가게끔 한 동기가 되기도 하는 등 피고인에 대한 양형관계가 관련성이 있습니다. 또한 실제 본건 범행시각을 01:24이라 했을 때 피해자가 본건 범행으로부터 약 ○○분 정도 경과한 이후에 비로소 본건 현장을 벗어난 점도 주목할 만합니다. 이하에서는 이러한 점을 전제로 하여 피고인에 대한 긍정적 양형사항에 관하여 의견을 개진하겠습니다.

4. 피고인의 양형과 관련하여 참작할 만한 각 사정을 말씀드리겠습니다.

가. 유형력의 행사의 정도가 경미한 사정

○ 본건 공소사실 자체에 의하더라도 피고인은 피해자에 대하여 피해자의 반항을 억압할 만한 어떠한 실질적인 폭행이나 협박 또는 위력을 가하여 본건 범행에 이르렀던 것이 아니라, 순간적으로 피해자의 신체에 대한 접촉을 행한 이른바'기습추행'을 하였던 것인바, 그 유형력의 행사는 상당히 경미한 수준에 그친다 할 것입니다.

○ 또한 상술한 범행 이후 피고인, 피해자 간의 문자메시지 교환 사정에 비추어, 피해자는 당시까지만 하더라도 피고인의 추행의 정도가 그리 심하지 않고 술자리에서의 우발적 행동인 것으로 보아 이를 덮어주고 넘어가려 했던 것으로 여겨집니다(피해자 본인도 피고인이 계속하여 발송하는 문자메시지가 오히려 피해자를 약 올리는 것 같아 고소장을 제출하게 되었다는 취지로 진술한 바 있습니다).

나. 추행의 정도가 현저히 약한 사정

◎ 본건 공소사실에 의할 때 피고인은 피해자를 껴안고 순간적으로 1차례 그 허리와 둔부를 손으로 만졌던 것으로서, 그 추행의 정도가 다른 강제추행 사안들과 비교하였을 때 상당히 약한 수준인 편입니다.

◎ 통상의 강제추행 사안에 있어 추행을 당한 피해자로서는 최대한 시급히 범인으로부터, 그리고 추행 현장으로부터 벗어나려고 하는 것이 일반적이라 할 것이나, 본건에서 피해자는 피고인에게 본건 추행을 당한 후 곧바로 현장을 박차고 떠났던 것이 아니라, 추행을 당한 이후 본건 현장을 떠나기 전까지 사이에 [①피고인의 핸드폰을 가지러 31번 테이블 밖으로 나갔다가 돌아 옴, ②카톡 메시지 교환, ③31번 테이블 밖으로 나와 술병 등을 냉장고에 넣고 테이블을 치움]의 일련의 행위를 하였고, 거기에는 약 17분 상당의 시간이 경과하였습니다.

◎ 추행을 당한 이후 현장에서 벗어나기까지의 과정에 관하여, 처음에 피해자는 경찰에서 추행을 당하자마자 도망쳐 뛰어나왔다는 취지로 진술하였으나,

◎ 피고인이 제출한 CCTV 영상 기록에 따라 피해자가 추행 직후 곧바로 도망쳐 뛰어나왔던 것은 아닌 점이 확인되면서, 피해자는 검찰에서 진술할 때 추행을 당하고 바로 도망쳐 나오지 않고 테이블 정리 등을 한 후 나왔다는 것으로 입장을 변경하였습니다.

◎ 피고인의 본건 범행으로 인하여 피해자가 상당한 성적수치심을 입었을 것임은 피고인도 인정하나, 적어도 피해자가 통상의 강제추행 사안과 달리 이처럼 상당 시간이 지난 후 비로소 본건 현장을 벗어났다는 사정은, 피고인의 본건 추행의 정도가 현저히 약한 점을 뒷받침한다 하겠습니다.

다. 피고인이 본건 이전에 피해자에 대하여 지녔던 호감

○ 피해자는 피고인이 운영하는 ○○○에 아르바이트생으로 채용되어 근무하면서 평소 성실한 근로로 피고인에게 큰 도움을 준 바 있습니다. 피해자는 일체의 지각, 조퇴, 결근도 없이, 때로는 몸이 안 좋을 때에도 피고인의 사업장에 나와서 열심히 근로하였습니다. 피고인으로서는 여느 아르바이트생과는 달리 성실하고 또한 싹싹한 성격으로 피고인을 응대하여 주는 피해자에게 내심 호감을 가졌던 것이 사실입니다.

○ 본건 범행은 범죄자 자신의 성적흥분, 만족감을 목적으로 하는 강제추행 유형에 해당하지 않고, 피고인이 평소 피해자에게 품었던 호감이 주취상태에서 피해자의 의사나 반응을 오해한 채 부적절하게 표현된 것이라 하겠습니다.

라. 우발적 범행

◎ 피해자는 피고인이 처음부터 피해자를 추행할 의도를 가지고 회식이라는 명목으로 피해자를 유인하여 본건 범행에 이르렀다는 취지로 수사기관에서 진술하였으나, 이것은 결코 사실이 아닙니다.

◎ 피고인이 만약 피해자에 대하여 처음부터 추행의 의도를 갖고 있었던 것이 사실이라면, 피고인 혼자서 그렇게 술을 마실 것이 아니라 피해자에게도 상당량의 음주를 권유, 유도하여 피해자를 흐트러뜨린 다음 추행으로

나아가는 것이 보다 자연스럽다 할 것입니다. 피해자도 경찰에서 이와 관련하여 피고소인이 피해자에게 술을 강요하지는 않았다고 답변하였습니다.

◎ 피해자는 피고인이 이 사건 이전에도 피해자에게 "○월 ○일은 쉬는 날이니 단 둘이서만 ○○○로 드라이브 가서 회를 먹고 오자"라고 말하였다고 주장하면서, 마치 피고인이 그 전부터 피해자에게 부적절하게 어떤 성적인 뉘앙스를 품기는 접근을 계속하다가 결국 본건 범행에 이른 것처럼 진술한 바 있습니다. 피고인이 피해자에게 농담조로 회를 먹으러 같이 여행을 가자는 이야기를 했던 것은 사실이나, 피고인은 우울증, 경계성 인격장애 등의 만성적인 정신질환을 앓아 왔는바, 대인관계에서의 어떤 반응이나 행동양식에 있어 '일반적이지 못한' 측면이 있고, 이로 인하여 평소 피해자에 대하여 가진 호감을 부적절하게 표출하여 위와 같은 발언에 이르렀던 것입니다. 하지만 피고인이 당초부터 피해자를 성적인 대상으로 놓고 어떤 행위를 목표했던 것은 결코 아닙니다. 또한 피고인은 위와 같이 이야기한 직후 바로 피해자에게 자신이 부적절한 이야기를 했다면서 오해하지 말아달라고 해명하였고, 이에 피해자 역시 농담조로 "왜 말을 번복하세요? 그냥 쭉쭉 밀고 나가세요"라고 말하여 당시에는 아무 문제없이 넘어갔던 사안이었습니다.

◎ 피해자는 또한 고소장에서 "피고소인은 본래의 회식 일행인 마감 아르바이트생을 빼 놓고 단 둘이서만 먹자로 여러 차례 회유한 후"라고 기재하여 마치 피고인이 처음부터 피해자를 추행할 의도를 갖고 다른 아르바이트생을 회식에서 배제시킨 후 피해자를 유인한 것처럼 진술하고 있으나 이것 역시 사실과 다릅니다. 우선 피해자가 지칭하는 회식이라는 것은 원래 사업장에서 다른 직원들의 참여가 전제되는 공식적인 회식이 아니었습니다. 그것은 피고인이 피해자의 시급을 일부 올려준 것에 대하여 피해자가 감사의 뜻으로 ○○등 야식을 사 가지고 와서 같이 먹기로 했던 자리였을 뿐입니다. 피고인이 다른 아르바이트생을 빼놓고 피해자와 둘이 있으려 했던 것은 해당인이 평소 근무태도가 안 좋고 남 이야기하는 것을 좋아하여 혹시라도 피고인이 술자리에서 다소 흐트러진 모습을 보일 경우 안 좋은 소문이라도 날까 걱정

이 되었기 때문입니다(그러나 지금에 와서는 차라리 당시 해당 아르바이트생이 자리에 같이 있었더라면 본건과 같은 일이 발생하지 않았을 것이기에 이를 후회하고 있습니다).

◎ 이 사건 당시 피고인은 평소 술에 약한 편인데다가 비어 있는 속에 술을 마셔 상당히 취해 있는 상태였습니다. 그런 가운데 피해자가 낮에 ○○○내에서 반지를 하나 주은 것이 있다면서 이를 피고인에게 전달하였습니다(업주인 피고인이 유실물을 보관하였다가 나중에 찾으러 오는 손님에게 돌려주므로). 이 순간 피고인은 평소 피해자에 대하여 갖고 있던 호감과 술기운, 그리고 정신질환의 영향, 피해자가 자신에게 상냥하게 대하였던 점 등, 기타 외로움과 공허함 등으로 인하여'(피해자가) 반지를 찾은 때에 바로 내게 갖다 주지 않고 지금 이 자리에서 보여주는 것은 혹시 자기 손에 그 반지를 끼워달라고 하는 것은 아닐까'라는 비약에 이르게 되었던 것 같습니다.

◎ 그리하여 피고인은 피해자에게 피해자가 좋아하는 음악을 카운터에 가서 틀고 오라고 하였고, 이에 따라 피해자가 음악을 틀고 ○○번 테이블로 돌아오자 그만 피고인 스스로의 감정에 압도되어 우발적으로 피해자를 끌어안고 본건 범행에 이르게 되었던 것입니다.

마. 본건 당시 피해자의 의사, 반응에 대한 피고인의 착오

○ 피해자의 허리, 둔부에 대한 접촉과 관련하여, 피고인은 당시 주취상태로 인하여 그 기억이 다소 불분명한 측면이 있습니다. 다만, 피고인의 기억으로는 피고인이 피해자를 껴안은 순간 피해자가 이를 당장에 뿌리친다거나 하는 즉각적인 저항이 없자, 피해자가 피고인의 그와 같은 행위에 대하여 용인하는 것으로 그 의사나 반응을 오해한 나머지 피해자의 허리, 둔부까지 손을 대었던 것 같습니다.

○ 상술한 CCTV 영상 기록 내용, 본건 범행 직후 피해자가 현장을 벗어나기까지 사이에 있었던 일, 그 시간적 간격에 비추어 볼 때, 피해자는 피고인의 본건 추행 당시에 즉각적으로 저항하거나 바로 현장에서 도망치지는 않았다 할 것인바, 이는 피해자의 의사와 반응에 대하여

오해하였다는 피고인의 입장에 힘을 실어줍니다.

○ 한편, 즉각적인 저항여부와 관련하여 피해자는 경찰에서 "너무 놀라서 경황이 없었고 몸이 굳어 있었어요. (○○○)"라고 진술하였고, 검찰에서는 피고인이 껴안는 순간 "처음엔 당황스럽고 또 어떤 상황인지 잘 몰라 몸이 굳어 있다가 <u>나중엔</u> 뿌리치며 (○○○)"라고 진술하여, 피고인이 본건 추행을 행한 이후 어느 정도 시간이 흐른 후에 피고인을 밀어냈던 것임을 알 수 있습니다.

○ 물론 피고인의 1차적인 껴안음 행위에 관하여 피해자가 즉각적인 저항을 제대로 하지 못했다 하더라도, 그것을 피고인의 추행에 대한 어떤 용인이나 양해로 단정할 수는 없는 것이고, 오히려 갑작스런 기습추행에 관한 당혹감이나 두려움으로 인하여 저항행위로 나아가지 못할 수도 있는 것이나, 이 사건 당시 피고인은 그렇게 얼어붙어 있는 피해자가 마치 자신의 행위를 용인하고 있는 것으로 오해하고 말았던 것입니다.

○ 또한 피고인이 본건 추행 이후 피해자에게 발송한 카톡메시지들은 그 내용들이 다 상황에 맞지 않게 엉뚱한데, 이것은 피고인이 범행 이후 조차도 본건 추행에 대한 피해자의 의사나 반응, 심정에 관하여 제대로 인식하지 못했음을 드러냅니다.

바. 본건 이후 피고인의 진지한 반성

◎ 피고인은 사건 발생 직후 피해자에게 자신의 잘못을 인정하면서 계속 용서를 구하였고, 제1회 피의자신문에서도 잘 기억나지 않는 부분이 있으나 피해자가 말한 것이 사실일 것이라는 취지로 그 잘못을 일부 인정하였으며, 비록 중간에 변호사를 선임하여 수사를 받는 과정에서 무죄 주장으로 입장을 변경한 적이 있으나(이 점에 관하여는 그 경위를 후술합니다), 당심 재판에서 다시 그 혐의를 일체 시인하고 있습니다.

◎ 피고인은 본건을 계기로 자신을 돌아보면서 다시는 이와 비슷한 일을 반복하지 않을 것을 맹세하고 있고, 본건 이후로 그 언행에 극히 조심을 기하고 있습니다.

사. 수사과정에서의 범행 부인 경위

○ 피고인은 최초 경찰에서의 피의자 신문에서는 본건 범행을 일부 시인하는 듯한 진술을 하다가, 범행을 부인한 바 있습니다. 이러한 피고인의 범행 부인에 따라 피해자도 재차 수사기관에서 조사를 받는 등 억울함과 고초를 겪었는바, 이 점에 관하여 피고인은 피해자에게 미안한 마음을 품고 있습니다.

○ 피고인이 수사단계에서 범행을 부인한 것은, 지금에 와서는 후회하는 일이지만 피해자의 피해상태보다는 자신에게 초래될 불이익(강제추행에 대한 처벌, 특히 피고인은 최근 성폭력범죄에 대한 신상정보 공개 등의 확대에 관하여 강박적으로 두려워하고 있었습니다)에 대한 우려에 너무 몰입한 나머지 그렇게 행하였던 것입니다.

○ 피고인은 제1회 피의자신문을 마친 후, 경찰에서의 위압적인 조사과정, 향후 강제추행에 따른 처벌로 인한 피고인의 사회적 관계 파탄 등에 너무 압박을 받아 괴로워 하다가, 나중에 CCTV 화면을 확인하게 되었습니다. 피고인은 CCTV 영상을 확인하는 과정에서 상술한 것처럼 피해자가 추행을 당했다고 진술한 시점 이후에 서로 간에 카톡메시지를 교환한 점 등을 알게 되었습니다. 한편 피고인은 1회 경찰조사에서 피해자가 고소한 내용이 대체로 사실과 부합하지만, 범행 이후 일부 정황(예컨대, 피해자가 추행을 당한 이후 바로 뛰어 도망쳐 나갔다는 진술 등)이 실제와 다른 것도 마음에 걸렸습니다.

○ 이런 연유에서 피고인은 CCTV 영상 등 관련자료를 지참하여 법률상담을 받게 되었는데, 해당 변호사 사무실에서는 CCTV상 껴안음 행위 이후에 있었던 카톡메시지 교환 등이 무죄의 강력한 증거가 될 수 있음을 시사하면서 무죄주장을 권하였습니다. 피고인 역시 피해자가 피고인의 추행 직후 즉각적인 저항이나 도망을 하지 않았고, 문자메시지 교환까지 한데다가 변호사 사무실로부터 그에 관한 무죄가능성의 의견을 제시받다보니, 자신이 정말 강제추행을 한 것인지 의문이 들기도 하였습니다. 그리하여 피고인은 변호인을 선임하고 수사과정에서 무죄 주장을 했던 것입니다.

○ 그런데 피고인이 수사기관에서 개진한 무죄주장은 주요부분이 법리적 관점에 기한 것으로서, 어떤 허위사실로 변명하는 것이라기보다는, 본건 추행 이후에 있었던 사실관계를 통하여 피해자의 구성요건적 양해를 추단할 수 있는지 여부에 관한 것이었습니다. 그리고 검찰 측은 달리 보았지만, 피고인이 주장하는 본건 추행 이후에 있었던 사실관계 부분은 상술한 바와 같이 객관적 증거에 의하여 뒷받침되고 있습니다. 따라서 비록 피고인이 수사기관에서 무죄 주장을 개진하기도 하였지만, 그것은 허위사실을 주장하여 부당한 면책을 도모하려 했던 것이 아니라, 본건이 법리적으로 죄가 성립되는지 여부를 검토 받으려 했던 것에 해당하는바, 이를 두고 피고인에게 진지한 반성이 결여되어 있다고 볼 수는 없겠습니다.

아. 피고인의 과거 형사처벌 전력

◎ 피고인은 형사처벌을 받은 외에 다른 일체의 범죄전력이 없습니다.

◎ 피고인은 이 사건 이전에 성실히 생활하여 왔고, 성실한 ○○○운영으로 한 때 언론이나 인터넷 블로그를 통해 호평을 받아 왔으며, 부모님 앞으로 된 상당액의 채무도 ○○○운영수익으로 완제해 나가는 등 건실한 사회인으로 지내 왔습니다.

자. 피해자와의 합의 과정에 관하여

○ 본건 범행은 그 특성상 피고인 본인이 다시 피해자에게 접근하는 것 그 자체만으로도 부담을 줄 수 있는바, 피고인은 피해자에게 본건과 관련하여 어떤 불편을 야기하고 싶은 마음이 전혀 없기에, 피고인 본인의 직접적인 개입 대신 일체의 합의 과정을 변호인을 통하여 진행하고 있으며, 합의에 도달하지 못할 경우 상당금액을 공탁하여 피해자에 대한 피해배상을 위해 노력할 것입니다.

5. 양형기준표상 양형에 관한 의견

◎ 본건은 양형기준표 적용 대상 사건으로 일반강제추행죄 영역에 해당합니

다. 피고인에 대한 특별양형인자 중 감경요소로는 ①유형력의 행사가 현저히 약한 경우, ②추행의 정도가 약한 경우를 들 수 있고 가중요소는 존재하지 않습니다. 그리고 일반양형인자 중 감경요소로는 진지한 반성을 들 수 있고, 가중요소는 없습니다.

◎ 따라서 피고인에 대하여는 일반강제추행죄의 감경영역에 해당하여 그 형량권고 범위가 1년 이하의 징역이라 할 것입니다. 그런데 본건의 유형력 행사, 추행의 정도가 현저히 약한 점에 비추어 동종 사안에서 그 형 종을 벌금형으로 선택하는 것에 비추어 피고인에게도 그 형 종으로 벌금형으로 선택하여 주실 것을 간곡히 요청드립니다.

◎ 한편, 상술한 것처럼 피고인은 곧 합의서 또는 공탁서를 제출하여 피해자에 대한 피해회복의 점을 소명하도록 할 것인바, 제출시 이에 대하여도 십분 참작하여 주시기 바랍니다.

6. 신상정보에 관한 공개, 고지명령에 관하여

○ 본건 범행은 공개명령, 고지명령의 대상이 되는 성폭력범죄에 해당됩니다.

○ 그러나 제37조, 제41조에 따라 신상정보를 공개, 고지하여서는 아니 될 특별한 사정이 있다고 판단되는 경우에는 공개명령, 고지명령을 면제할 수 있다 할 것입니다.

○ 그리고 이러한 특별한 사정의 판단기준은 피고인의 연령, 직업, 재범위험성 등 행위자의 특성, 해당 범행의 종류, 동기, 범행과정 결과 및 그 죄의 경중 등 범행의 특성, 공개명령 또는 고지명령으로 인하여 피고인이 입는 불이익의 정도와 예상되는 부작용, 그로 인해 달성할 수 있는 성범죄의 예방효과이라 할 것인데, 피고인의 경우 ①오랫동안 ○○○을 운영해 오면서 안정적으로 자영업을 영위하고 있어 그 직업관계가 확실한 점, ②피고인에게 과거 성범죄전력이 일체 없고, 재범위험성보다는 개선가능성이 현저히 높은 점, ③본건 범행이 일반 강제추행 중 그 유형력의 행사나 추행의 정도가 경

미한 기습추행에 해당하는 점, ④본건 범행이 피고인이 평소 피해자에 대하여 가졌던 호감의 발로에서 우발적으로 이뤄졌던 것이고, 피해자가 일시적이나마 본건 범행 이후 피고인과 장난스런 카톡메시지를 교환하고 실제 범행 직후 범행 현장에서 벗어나기까지 약 17분 정도의 시간적 간격이 있는 등 본건 범행으로 인한 악성적 결과가 다른 사안과 비교하여 그리 무겁지 아니한 점, ⑤피고인과 그 부모가 현재의 거주지 및 사업장 부근의 토박이로서 지역사회에서 널리 알려져 있어 공개명령, 고지명령으로 인하여 피고인과 그 가족이 입게 되는 인격적 침해는 현저한 반면, 이미 상당한 개선가능성이 예상되는 피고인에게 공개명령, 고지명령을 통하여 달성할 수 있는 성범죄예방의 필요성은 극히 적은 점 등을 고려할 때 <u>공개명령, 고지명령을 면제할 만한 특별한 사정이 있는 경우</u>에 해당된다 할 것입니다.

○ 따라서 피고인에게 공개명령, 고지명령의 병과를 면제하여 주실 것을 간곡히 요청드립니다.

7. 결론

피고인은 이상의 사정을 종합하여 법이 허용하는 범위 내에서 최대한의 선처와 관용을 베풀어 주실 것을 부탁드리며, 공소기각의 판결을 하여 주실 것을 요청드립니다.

○○○○ 년 ○○ 월 ○○ 일

위 피고인 : ○ ○ ○   (인)

창원지방법원 형사 제2단독 귀중

의   견   서

사   건 : ○○○○형제○○○○호 폭력행위 등

고 소 인 : ○   ○   ○

피 고 소 인 : ○   ○   ○

○○○○ 년 ○○ 월 ○○ 일

위 피고소인 : ○ ○ ○   (인)

평택지청 ○○○검사님 귀중

의 견 서

사 건 : ○○○○형제○○○○호 폭력행위 등
고 소 인 : ○ ○ ○
피 고 소 인 : ○ ○ ○

　위 고소사건과 관련하여 피고소인은 증빙자료를 첨부하여 다음과 같이 의견을 개진하오니 검사님께서 무혐의처분하여 주시기 바랍니다.

- 다 음 -

1. **고소인의 주장에 대하여,**

　고소인은 ○○○○. ○○. ○○. ○○:○○경 전라남도 목포시 ○○로 ○○아파트 후문 버스정류장에서 버스를 기다리던 중 피해자 ○○○의 발을 밟았다는 이유로 시비되어 말다툼 하던 중 피고소인이 주먹으로 고소인의 얼굴을 2회 때리고 가슴을 걷어차 넘어지게 하면서 팔목을 꺾이게 하여 약 6주간의 치료를 요하는 '우측 제2중수지 기저부 골절'의 상해를 입었다고 주장하고 있습니다.

　피고소인은 고소인의 주장을 다음과 같이 부인하며 인정할 수 없습니다.

　버스를 기다렸고 타고자 하는 버스가 도착하여 버스를 향해 걸어가던 중 고소인이 먼저 피고소인의 목을 졸랐고 욕을 하였습니다.

　수차례 사과를 하였음에도 불구하고 목을 조르는 손을 놔주지 않았고 숨조차도 쉴 수가 없어 고소인의 손만 뿌리쳤습니다.

　발끝이 닿았다는 이유로 목을 졸랐고 욕설을 하며 피고소인을 먼저 때렸고 피고소인은 맞지 않으려 피하는 과정에 같이 땅바닥에 넘어졌습니다. 또한 피고소인이 가슴을 걷어차 넘어지면서 팔복을 꺾이게 하여 손가락 골절을 입었다는 고소인의 주장에는 인정할 수 없습니다.

고소인은 경찰조서과정에서 본인이 땅바닥에 누워 있고 피고소인이 고소인의 위로 올라가 고소인의 얼굴을 수차례 때렸는데 맞았는지 안 맞았는지는 기억이 안 나며 피고소인이 다리를 올려 고소인의 배를 걷어찼고 이 때문에 넘어져 다쳤다고 했습니다.

이는 사실이 아닙니다.

피고소인은 그런 사실이 전혀 없습니다.

고소인이 땅바닥에 누워있고 피고소인이 고소인의 종아리에 서 있었고 피고소인이 발로 찼으나 상대방이 서 있는 상태여서 배를 찰 수 있는 높이가 아니었고 헛발질 두어 번 하였습니다.

헛발질로 인하여 고소인은 넘어진 사실도 없었습니다.

또한 피고소인이 고소인의 배를 걷어차서 넘어져 다쳤다는 주장도 새빨간 거짓말입니다.

첫 번째 누워있는 사람의 배 또는 허리나 허벅지 위에 올라탄 사람의 다리사이로 누워있는 사람이 다리를 빼 내어 올라탄 사람의 배를 걷어찰 수 있다는 건 있을 수 없는 일입니다.

배 또는 허리나 허벅지 위에 올라탄 사람의 다리사이로 누워있는 사람의 다리를 빼낼 수 있는지 피고소인이 억울해서 가족과 같이 실행해보았지만 불가능하였습니다.

두 번째 누워있는 사람의 종아리부분에 상대방이 올라탔다면 다리를 꺼내어 배를 걷어찰 수는 있지만 누워있는 사람의 얼굴은 때릴 수 있는 거리가 절대 아닙니다. 누워있는 본인의 얼굴을 수차례 때렸으나 맞았는지 안 맞았는지 기억이 안 난다는 고소인의 주장은 거짓입니다.

본인의 배 또는 허리나 허벅지위에서 피고인의 얼굴을 때렸다면 얼굴을 맞을 수 있으나 본인의 종아리 부분에서는 거리가 멀어 피고소인이 고소인의 얼굴을 때릴 수 없습니다.

본인이 배 또는 허리나 허벅지 위에 탄 사람의 다리 사이로 본인의 다리를 꺼내야 배를 걷어차는데 올라탄 사람의 다리사이로 본인의 다리를 뺄 수 없는 상황에서 이 두 가지 명백한 거짓입니다.

발끼리 부딪혔다는 이유로 본인의 목을 조르고 폭언과 폭행을 하였으며 이를 피하려하는 과정에 위와 같은 상황이 전개 되었습니다. 폭행이 멈추고 인적이 없는 곳으로 가서 둘이 애기 하자고 제안하였으나 인적 없는 곳에서 또 다시 폭행할까 너무 무서워 거절하였고 모친께 이 사실을 알렸고 모친께서 직접 112신고를 하셨습니다.

2. 고소인의 진술회피 및 증거조작

고소인은 피고소인의 모친께서 신고하여 경찰관이 출동하자 고소인은 어디론가 사라졌고 모친께서 사건현장에 도착하셨고 고소인은 잠시 후 아는 동생을 데리고 현장에 왔습니다.

피고소인은 억울하고 분해서 바로 지구대로 같이 가서 조사를 받기를 원했지만 고소인은 병원에 가야한다고 주장하며 또 다시 사건현장에서 사라졌습니다.

피고소인은 모친과 지구대에 도착하였고 진술서 작성 중 병원에 간 고소인을 경찰관이 데리고 지구대에 왔고 고소인은 생명이 위중한데 병원에 가지 못하게 한다며 지구대에서 소란도 피웠습니다.

또 고소인은 눈이 안 보인다며 경찰관에게 호소하자 경찰관은 인적사항을 파악한 후 병원에 가라고 하였습니다.

고소인은 지구대를 나가면서 지구대 밖으로 피고소인의 모친을 불렀고 위 사건에 대하여 각자 치료 하자며 없던 일로 하자고 회유 하였고 모친께서도 흔쾌히 받아들여 구두로 나마 합의를 하고 합의서를 작성할 수 있는 종이와 펜이 없어 서로 사과를 주고받은 후 귀가하였던 것입니다.

며칠 후 고소인이 사건현장에 데려왔던 아는 동생이 피고소인이 근무하는 미용실에 와서 고소인이 팔을 수술하였고 입원치료하고 있으니 병문안 가줄 것을 요구하였고 피고소인은 퇴근 후 모친과 함께 병문안하였습니다.

이때 고소인은 피고소인에게 병원비일체와 일하지 못하여 근무하는 회사로부터 병가휴가를 냈으므로 이를 보상하여 줄 것을 요구 하였으나 피고소인과 함께 동석하신 모친께서는 고소인의 요구사항이 합당하지 않다고 판단해 단호히 거절하였습니다.

병원에서 고소인은 팔을 수술하였다고 하고 뭔가 낌새가 이상하다는 생각도 들고 너무나 억울한 생각으로 고소인의 고소에 대응 하기위해 피고소인도 맞고소를 하려고 경찰서에 방문하여 진술과정에서 고소인이 팔을 수술한 것이 아니라 손가락골절수술을 받았다는 사실을 경찰을 통해 들었습니다.

피고소인이 병문안 갔을 때는 분명히 팔을 수술하였고 치료 받는다 하였고 고소내용에는 손가락골절이라 진술한 점도 앞뒤가 맞지 않는 내용이었습니다.

사건 직후 지구대에서 사건조사는 받아야함에도 불구하고 눈이 아프다며 생명이 위중한데 병원에 가지 못하게 한다며 소란을 피우며 경찰관에게 항의를 하였고 인적사항만 경찰관에게 말하고 모친과 구두합의 후 병원에 갔는지는 확인한바 없습니다.

사건직후 바로 고소인은 사라졌고 지인을 동행하여 사건현장에 나타났다가 병원에 간다며 또 사라졌으며 지구대에서는 눈이 아프다 호소했고 병문안 갔을 때에는 팔 수술을 하였다는 고소인은 말을 뒤집어 하였습니다.

다시 한 번 더 말씀드리자면 손가락골절은 이 사건에서 폭행과는 아무런 관계가 전혀 없습니다.

고소인은 피고소인의 폭행에 의한 폭행부분에 대하여 사건현장에 오신 모친이나 경찰관에게 자초지정을 설명하지도 않았고 사라졌다가 지인을 대동하고 나타났다가 또 사라졌고 폭행당한 부분을 명확히 밝히지 않았습니다.

두 번이나 사건현장에서 사라졌으며 폭행당한부분에 대하여 눈이 아프다고 했다가 팔 수술했다고 거짓말을 하다가 이제는 손가락골절을 입었다며 고소를 하였습니다.

고소인은 폭행부분이 여러 번 바뀌었고 이를 사실대로 말하지 않은 부분도 이해가지 않습니다.

위 사실들을 종합하여 생각하고 또 생각해보면 고소인의 주장이 일관되지 않았고 사건현장에서 두 번이나 사라졌음을 의심하지 않을 수 없습니다.

첫 번째 사라져서는 지인을 동행하여 돌아 왔고 피고소인이 폭행을 가하여 상해를 입었다면 병원에 동행요구를 하는 것이 당연할 텐데 지인과 사라진 부분에 대하여 피고소인은 이해가 되지 않습니다.

또한 피고인의 폭행으로 손가락골절을 입었다면 피고인이 병문안 갔을 때 폭행당한부분을 자세히 이야기 하고 어떤 수술을 하였는지 말하며 보상부분에 대하여도 상세히 설명하며 얼마의 금액을 보상하여 달라고 요구했어야 했습니다.

고소인은 막연히 팔 수술을 하였고 한 달가량 입원 치료해야 하며 회사로부터 한 달 병가휴가를 권고 받아 할 수 없이 휴가를 냈다고 말하며 보상을 요구하였습니다. 이 부분이 석연치 않은 것은 대부분 사고로 인하여 상해를 입었을 때 치료 목적으로 근무하는 회사에 휴가를 근무자가 요청하는 것인데 회사로부터 병가휴가를 권고 받았다고 둘러대어 피고소인은 의아했고 납득이 가질 않았습니다.

3. 고소인의 협박

피고소인이 피해보상을 거절하자 모친이 운영하는 가게를 어머님의 카톡에 올려진 사진을 보고 가게를 찾아와 피해보상을 해주지 않으면 고소를 하겠다고 협박하여 어머님과 피고소인은 무섭고 두려웠습니다.

모친께서 운영하는 가게의 위치를 가르쳐준바 없고 어머님의 전화번호를 저장하고 카톡에 올려진 가게세일문구의 사진만 보고 가게를 찾아온 점에 대하여 피고소인은 고소인이 소름이 끼칠 정도로 놀랍고 두려웠습니다.

4. 위와 같이 내용은 모두 사실이며 피고소인은 고소인을 때리지 않았고 무혐의임을 주장합니다.

5. 고소인의 거짓주장 및 증거조작

피고소인의 콧등이 찢어져 피가 나고 왼쪽 눈 주변이 약간 붉은색으로 부어있는 모습이 촬영된 경찰출동 당시 피고소인 사진 및 '서로 뒤엉켜 넘어졌고 고소인이 피고소인 위로 올라가서 때리고 피고소인도 밀쳐서 반대로 고소인이 위로 올라탄 것을 봤다'라는 목격자의 진술(수사기록 제 57-7쪽)에 의하여 신빈성이 있습니다.

위 부분에 대하여 피고소인이 구체적으로 설명을 드리겠습니다.

고소인의 콧등이 찢어진 부분은 피고소인은 사건당시 때리지 않았고 상처를 보지 못했습니다.

사건직후 현장에서 사라졌다가 한참 후에 피고인의 모친이 피고인의 연락을 받고 경찰에 신고 후 사건현장에 도착 후 2분여 후에 고소인은 아는 동생이라는 남자와 동행하여 사건현장으로 돌아 왔습니다.

피고소인은 고소인의 얼굴을 때지지 않았고 사건당시 고소인의 얼굴에 상처는 없었고 사건현장에 다시 돌아왔을 때는 고소인의 콧등에 상처가 있었습니다.

이 부분은 분명히 피고소인과 실랑이를 벌이면서 생긴 상처가 아닙니다.

목격자의 진술부분은 당시 목격자는 버스정류장 건너편 한의원에 입원치료를 받던 사람입니다.

피고소인이 근무하는 ○○상가건물 옆 라인에 위치한 한의원이고 버스정류장과는 사선거리 40미터도 안 됩니다. 버스정류장 건너편 3층에 위치한 한의원

입원실에서 밤 9시가 넘은 시각에 왕복 5차선 대로에 사선으로 40미터의 거리에 깜깜한 야밤에 가로등이 환하게 비추지도 않는 곳에서 버스정류장의 사건현장을 바라보면서 정확한 사건현장을 진술하기에는 시야가 확보되지 않아 목격자의 정확한 사건현장을 증언할 수 없습니다.

위 목격자의 진술이 본 사건에 피고소인이 고소인의 가슴을 걷어차 넘어져 고소인이 다쳤다는 내용은 없었고 목격자의 희미한 시야확보에 엎치락뒤치락하는 장면을 목격한 것으로 이 사건에 영향을 줄만큼 신빙성이 없으며 피고소인이 고소인을 때리고 발로 걷어차 넘어지게 한바 없음을 밝힙니다.

따라서 확보되지 않은 시야와 피고소인과 고소인이 엎지락뒤치락 하는 부분만 가지고 피고소인이 고소안을 때리고 가슴을 걷어찼다는 진술은 피고소인의 폭행여부를 판단하는 증언이 되지 못합니다.

그래서 목격자의 진술은 이 사건에 피고소인이 폭행을 하였다는 충분한 진술이 아닙니다.

6. 결론

피고소인은 고등학교를 다니면서 어려운 가정형편을 생각하고 본인의 장래를 위해 고생이 되고 힘든 업종인 미용을 배우기 위해 ○○에 있는 고등학교 3학년 여름방학부터 일하였습니다.

어렵다는 기술자격 시험을 첫 번째 시험을 보고 합격하였고 미용기술을 익히기 위해 스탭으로 일하면서 미용약품에 양 손에 피부염증이 일어나 고름이 나고 통증으로 아팠지만 참고 일하며 기술을 익히며 열심히 살았습니다.

지금은 어느 정도 기술을 익혀 중간 스탭정도 수준이 되고 일이 익숙해서 처음 일 시작할 때보다는 수월하게 일할 수 있습니다.

이 사건에 대하여 피고소인은 너무 억울하여 무혐의를 주장하며 위와 같은 고통의 시간들을 보내는 것이 안타깝습니다.

위의 시간들이 억울하고 분한 마음들이 시시각각 들어 고통스러웠고 상대방

고소인이 너무 밉고 원망스러웠지만 기독교 신앙으로 속상하고 힘들 때마다 기도함으로 지금까지 견디어 왔습니다.

미움으로 가득 찬 고소인에 대하여 용서를 구하는 기도를 하였고 무혐의처분을 받음으로 피고소인은 그동안의 억울함과 고통들이 모두 사라졌으면 합니다.

술에 취해 순간 화를 참지 못하고 위와 같은 행위를 함으로 피고소인에게 고통을 안겨 주었지만 사람이기에 그럴 수 있다 생각하니 맘이 한결 편안해졌고 용서하였습니다.

위 사건으로 인하여 검사님께 조사를 받게 되었지만 다시 한 번 피고소인의 무혐의를 주장하며 미움도 없고 억울함도 없는 마음가짐으로 위로받고 싶습니다.

위와 같은 내용으로 무혐의를 주장하며 의견서를 제출하오니 피고소인의 억울함이 남지 않고 또한 상대방 고소인에 대하여 미움과 원망이 남지 않도록 현명하신 판단하여주시길 바랍니다.

소명자료 및 첨부서류

(1) 고소장 사본   1통
(2) 피고소인의 자격증 사본   1통
(3) 피고소인의 인감증명서   1통

○○○○ 년 ○○ 월 ○○ 일

위 피고소인 : ○ ○ ○   (인)

평택지청 ○○○검사님 귀중

의 견 서

사 건 : ○○○○고단○○○○호 공무집행방해

피 고 인 : ○   ○   ○

홍성지원 형사 제○단독 귀중

의 견 서

사　　　건 : ○○○○고단○○○○호　공무집행방해

피　고　인 : ○　　　○　　　○

　이 의견서는 피고인의 진술권 보장과 공판절차의 원활한 진행을 위하여 제출하도록 하는 것입니다. 피고인은 다음 사항을 기재하여 이 양식을 송부 받은 날로부터 <u>7일 이내에</u> 법원에 제출하시기 바랍니다. 진술을 거부하는 경우에는 진술을 거부한다는 내용을 기재하여 제출할 수 있습니다.

　이 의견서는 피고인에 대한 양형자료로 사용될 수 있으니 양형에 참작할 유리한 내용이 있는 경우 빠짐없이 기재해 주시기 바랍니다.

1. 공소사실에 대한 의견

　가. 공소사실의 인정 여부

　　(1) 공소사실을 모두 인정함(　)

　　(2) 세부적으로 약간 다른 부분은 있지만 전체적으로 잘못을 인정함(○)

　　(3) 여러 개의 공소사실 중 일부만 인정함(　)

　　(4) 공소사실을 인정할 수 없음(　)

　　(5) 진술을 거부함(　)

　나. 공소사실을 인정하지 않거나{1의 가. (3), (4) 중 어느 하나를 선택한 경우}, 사실과 다른 부분이 있다고 하는 경우{1의 가. (2)를 선택한 경우}, 그 이유를 구체적으로 밝혀 주시기 바랍니다.

○ 피고인은 충청남도 홍성군 ○○로 ○○소재에서 작은 편의점을 운영하고 있습니다.

○ 편의점 앞에서 성명미상인 사람들이 ○○○○. ○○. ○○. ○○:○○경 서로 옳으니 그러니 하며 몸싸움을 했는데 피고인은 편의점 안에서 영업을 하는 바람에 소리는 들려도 싸움을 하는 모습을 제대로 목격을 하지 않았습니다.

○ 이에 주민 누군가가 지구대로 신고하여 경찰관이 출동을 했는데 사고를 수습하는 과정에서 싸움을 하던 사람 한 분이 피고인이 운영하는 편의점에서 술을 구입했고 편의점 앞에서 술을 마셨다고 진술을 했고, 그 중 한 사람은 미성년자로 밝혀져 출동한 경찰관이 피고인이 운영하는 편의점으로 와서 언제 그 싸움을 하던 미성연자에게 술을 팔았느냐고 물었습니다.

○ 피고인은 전혀 술을 팔지 않았고 모르는 사람이라고 항의를 하자 출동한 경찰관이 피고인을 계산대에서 나오라고 하더니 수많은 동네 분들이 보는 자리에게 지구대로 강제연행을 하려고 해서 피고인이 불법연행에 대한 항의하는 과정에서 편의점 밖으로 나가라며 신체적인 접촉만 있었을 뿐입니다.

○ 그런데 그 출동한 경찰관의 진술은 피고인이 의도적으로 공무집행을 방해하면서 출동한 경찰관을 떠밀고 어깨를 다치게 상해를 입혔다고 합니다.

○ 피고인이 출동한 경찰관의 질문에 순순히 응했고 또 술을 그 미성년자는 알지도 못하고 술을 팔지 않았다고 설명을 하였는데 CCTV를 확인하자고 해서 우리 편의점에는 크게 필요하지 않아 지금까지 CCTV를 설치하지 않고 영업을 해왔다고 하였더니 다짜고짜 출동한 경찰관이 피고인을 계산대 밖으로 나오라고 하더니 당시 편의점 내에는 손님들이 3~4명이 있었는데 지구대로 강제연행하려고 해서 피고인이 이를 거부하는 과정에서 신체적인 접촉이 있었을 뿐 편의점 내부는 경찰관

과 피고인이 실랑이를 벌일 그러한 장소가 안 되는데 피고인이 경찰 관을 밀치고 때렸다고 몰아붙이는 것은 피고인이 강제연행에 항의했다 는데 감정을 품고 피고인을 흉악범으로 만들어 간 것은 너무나도 억 울한 일입니다.

○ 조그마한 동네에서 그것도 24시간 편의점을 운영하는 피고인이 관할 지구대 소속의 경찰관과의 마찰을 하게 되면 손해를 볼 것이 자명한 일이고 구지 마찰을 빚을 이유가 없습니다.

○ 하늘을 두고 맹세할 수 있지만 결코 출동한 경찰관을 폭행하지 않았습 니다.

○ 단지 피고인은 출동한 경찰관이 CCTV를 보자고 하여 설치하지 않았 다고 하자 느닷없이 계산대 밖으로 나오라고 하더니 피고인을 현행범 으로 취급하면서 지구대로 불법연행을 강행하려고 해서 불법연행을 항 의하는 과정에서 신체적인 접촉은 있었지만 이러한 피고인의 항의가 경찰관을 폭행한 것으로 이어져 공무집행을 방해한 것으로 피고인에게 불리한 방향으로 바뀐 데 대하여 억울하다 못해 누명을 벗어야겠다는 생각밖에 없습니다.

○ 무조건하고 공무수행 중인 경찰관과 실랑이를 버렸다는 것은 피고소인 의 불찰이자 큰 실수입니다.

○ 그러나 출동한 경찰관도 좀 더 장사를 하는 피고인의 입장을 고려하여 편안한 시간대에 찾아와 문의하거나 조사하고 과학적으로 피고인에게 장애가 없도록 고려하지 못한데서 비롯된 것인데 솔직하게 진술하고 잘못된 공소사실을 바로잡고 싶지만 재판장님께서 보실 때 피고인이 범행을 부인하는 것으로 비춰질까봐 간단하게 사실 있었던 그대로 사 건이 경위를 말씀드리게 되었습니다.

○ 그렇다고 해서 전적으로 피고인이 다 잘했다는 것은 아닙니다.

○ 피고인도 조금만 이해하고 참았으면 될 일이고 경찰관도 기분이 나쁘 더라도 현행범이 아닌 이상 피고인의 인격을 조금이라도 고려였다면

이런 일이 생길 이유가 없었을 것입니다.

○ 피고인은 지금 이 시간에도 후회하고 있습니다.

○ 이 사건의 발단은 피고인이 CCTV 설치와 관련하여 조금 기분이 나쁘게 말한 것은 듣는 사람에 따라 다르겠지만 피고인은 왜 설치하지 않았느냐 불법영업을 은폐하려는 의도로 설치하지 않은 것으로 다그치는데 감정을 억제하지 못하고 경찰관과 부딪쳤고 경찰관도 피고인의 입장을 고려해서 대했다면 서로 서로 조금씩만 상대에 대하여 너그럽게 대했다면 이러한 일 없었을 것으로 생각하면 왜 그렇게 못했는지 피고인은 가슴이 아픕니다.

○ 정상을 참작해 주실 것을 간곡히 호소합니다.

2. 절차진행에 대한 의견

가. 이 사건 이외에 현재 재판진행 중이거나 수사 중인 다른 사건이 있다면, 해당 수사기관이나 법원과 그 사건명, 당사자 명을 기재하여 주시기 바랍니다.

○ 없습니다.

나. 이 사건 재판을 진행하기 전에 법원에 이야기하고 싶은 특별한 사정이 있습니까?

○ 출동한 경찰관이 CCTV가 편의점에 설치하지 않았느냐고 했을 때 피고인이 지금까지 필요하지 않은 것 같아서 설치하지 않은 것이라고 반문을 했다고 해서 아무런 법적절차를 거치지 아니하고 다짜고짜 편의점 계산대에서 업무를 보고 있는 피고인에게 계산대 밖으로 나오라고 해서 나오자 느닷없이 지구대로 연행하겠다며 피고인의 잡아당기는 바람에 피고인은 불법연행에 대한 항의하는 차원으로 밀쳤던 것뿐입니다.

○ 피고인이 경찰관의 불법연행에 대한 거절하고 항의하면서 일어난 것이므로 공무를 방해하거나 경찰관을 의도적으로 밀치고 폭행을 가한 것

은 절대로 아닙니다.

○ 아무리 경찰관이라 하더라도 경우가 있는 것이고 그래도 피고인이 동네에서 24시간 편의점을 운영하는 사람인데 손님들이 없을 때 연행을 하려했다면 순순히 이에 응했을지도 모르는데 당시 편의점에는 3명~4명이 물건을 고르고 있었기 때문에 이러한 장면을 보고소비자의 입장에서 피고인을 어떻게 생각할 것인지는 전혀 고려하지 않은 경찰관에게도 책임이 있습니다.

○ 그렇다고 해서 전적으로 피고인이 잘했다는 것은 아닙니다.

○ 툭하면 공무집행만 찾을 것이 아니라 정당한 공무집행을 하려면 일반 시민에게 배려하고 이해시켜 오해를 사지 않도록 했었다면 과연 피고인이 강제연행에 항의하지 않았고 지구대로 갈 수 있었습니다.

○ 전적으로 피고인에게만 문제가 있고 피고인은 경찰관의 불법적으로 연행을 하려는데 이해를 하지 못해 생긴 일을 가지고 공무집행이라는 이름으로 처벌의 잣대를 들이된다는 것에 쉽게 이해할 수 없고 불만을 가지고 있으므로 존경하는 재판장님께서 이 부분에 대하여 조금만 더 고민을 해 주셨으면 하는 마음 간절합니다.

○ 피고인은 지금까지도 뭐가 어떻게 되는 것인지 알 수 없는 상황에서 이 사건을 임하는 것입니다. 피고인의 당시에 처한 입장을 조금만 더 깊이 생각해 주시면 고맙겠습니다.

다. 이 사건 재판의 절차 진행에 있어, 법원에서 참작해 주기를 바라는 사항이 있으면, 구체적으로 밝혀 주시기 바랍니다.

○ 본건 공소사실에 대하여 대부분 인정하지만 검찰제출의 증거사용중에서 경찰관을 폭행했다는 부분에 대해서는 동의하지 않겠습니다.

3. 성행 및 환경에 관한 의견

가. 가족관계

(1) 가족사항 (사실상의 부부나 자녀도 기재하며 중한 질병 또는 장애가 있는 등 특별한 사정은 비고란에 기재)

관계	성 명	나이	학력	직업	동거여부	비 고
본인	○○○	44	대졸	자영업	○	
처	○○○	46	대졸	자영업보조	○	
자	○○○	14	재학중	학생	○	
자	○○○	11	재학중	학생	○	

○ 피고인이 24시간 편의점을 운영하고 식사시간이나 틈틈이 처가 피고인의 편의점에서 보조업무를 보고있습니다.

(2) 주거사항

○ 자가 소유(시가 :   정도)

○ 전세(보증금 : 9,000만 원, 월세 21만 원)

○ 월세(보증금 :   원)

○ 기타(무상거주 :   )

※ 피고인이 거주하는 위 아파트는 작은방 1개 안방 1개로 이루어져 있는데 안방은 피고인의 부부가 사용하고 작은방에서는 아들 형제들이 생활하고 있습니다.

(3) 가족의 수입

○ 피고인은 위 24시간 편의점을 운영하여 벌어들이는 수입이 계절마다 약간씩 다르지만 월 약 400여만 원의 수입이 있습니다.

※ 피고인의 처는 피고인의 벌어들이는 수입으로 같이 합산한 금액이며 처에게는 수입이 없는 것으로 기재한 것입니다.

나. 피고인의 학력·직업 및 경력

(1) 피고인의 학력

○ 피고인은 ○○○○. ○○.경 충청남도 대천에 있는 ○○초등학교를 졸업했습니다.

○ 피고인은 ○○○○. ○○.경 충청남도 홍성에 있는 ○○중학교를 졸업했습니다.

○ 피고인은 ○○○○. ○○.경 대전광역시 ○○구 ○○에 있는 ○○고등학교를 졸업했습니다.

○ 피고인은 ○○○○. ○○.경 대전광역시 ○○구 ○○에 있는 ○○대학교 전산공학과를 졸업하였습니다.

(2) 과거의 직업, 경력

○ 피고인은 ○○○○. ○○.부터 ○○○○. ○○.까지 대전광역시 ○○구 ○○로 ○○○, 소재 주식회사 ○○건실에서 관리팀에서 근무.

○ 피고인은 ○○○○. ○○.부터 현재까지 충청남도 홍성군 ○○○로 ○길 ○○, 소재에 있는 ○○편의점이라는 상호로 편의점을 운영하고 있는 자영업자입니다.

(3) 현재의 직업 및 월수입, 생계유지 방법

○ 피고인은 충청남도 홍성군 ○○○로 ○길 ○○, 소재에 있는 ○○편의점을 운영하고 매월 얻는 월 400만 원의 수입으로 생계를 유지하고 있습니다.

○ 피고인은 매월 약 400만 원의 수입에서 월세와 아이들의 학비 등으로 약 250여만 원을 지출하고 생활비로 약 100만 원을 지출한 나머지 약 50여만 원씩 농업에 적금을 들고 적금을 납입하고 있습니다.

(4) 향후 취직을 하거나 직업을 바꿀 계획 유무 및 그 내용, 자격증 등 소지 여부

○ 피고인은 아직까지는 직업을 바꿀 계획은 없습니다.

○ 앞으로 좀 더 큰 대형마트를 운영하는 것이 소박한 꿈이고 이 꿈을 이루기 위해서 더 열심히 벌어서 적금을 납인하는 액수를 널리고 꼬박꼬박 적금을 납입하고 있습니다.

○ 피고인이 보유하고 있는 자격증은 건축기사 2급 자격증과 운전면허자격증이 있고 한식 요리사자격증도 취득해 보우하고 있습니다.

다. 성장과정 및 생활환경 (부모나 형제와의 관계, 본인의 결혼생활, 학교생활, 교우관계, 성장환경, 취미, 특기, 과거의 선행 등을 기재)

○ 피고인의 성격은 어려서부터 차분하면서도 활발하며 항상 남에게 베풀고 싶은 성격을 가지고 있습니다.

○ 항상 힘든 분들을 위해 봉사한다는 생각으로 매사 적극적으로 추진해내려는 성격도 함께 가지고 있습니다.

○ 특히 주변 분들과 운동을 하는 등 건강은 매우 양호하고 학교생활에서도 특히 친구들과 정말 사이좋게 지내는 성격이라 친구들이 주변에 상당히 많은 편이고 지금도 우리 친구들을 피고인이 운영하는 편의점에 와서 함께 지내다 돌아갈 정도로 돈독하게 좋은 교류를 하고 있습니다.

○ 피고인은 틈틈이 봉사활동을 해오고 있고 작은 금액이지만 성의껏 소외계층을 위해 꾸준히 기부 하고 있습니다.

라. 피고인 자신이 생각하는 자기의 성격과 장·단점

○ 피고인은 원래부터 어른들이 항상 여자 같은 차분한 성격을 지니고 있다고 하지만 매사에 적극적인 의지까지 겸비하고 자부할 수 있습니다.

4. 정상에 관한 의견(공소사실을 인정하지 않는 경우 기재하 지 않아도 됨)

가. 범행을 한 이유

○ 피고인이 운영하는 위 편의점에서 약 30미터 정도 떨어진 곳에서 두 사

람이 싸움이 있었지만 편의점에는 피고인이 혼자 근무하고 있었기 때문에 창문 밖으로 볼 수밖에 없었는데 조금 자나서 경찰관이 출동했고 싸움을 하던 사람 중에 한 사람이 미성년자인데 술을 마신 것으로 들어나 경찰관이 추문하자 그 미성년자가 피고인이 운영하는 마트에서 술을 사서 마셨다고 거짓말을 하는 바람에 사건의 발달이 되었습니다.

○ 피고인은 저 미성년자에게 술을 판매한 사실이 없었기 때문에 대수롭지 않게 생각하고 장사하고 있었는데 그 경찰관이 편의점으로 찾아와 방금 저 앞에서 싸움하던 미성년자에게 술을 팔았느냐고 해서 피고인은 얼굴도 모르고 술을 팔지 않았다고 하자 다짜고짜 경찰관이 피고인에게 CCTV를 보자고 해서 피고인은 지금까지 별로 필요하지 않아서 CCTV를 설치하지 않았다고 말하자 경찰관이 피고인에게 계산대 밖으로 나오라고 해서 계산대 밖으로 나가자 느닷없이 피고인을 갑아 당기면서 지구대로 연행하겠다고 해서 피고인은 불법연행에 대한 항의하는 차원에서 항의를 하면서 약간의 신체접촉이 있었던 것이지 결코 폭행이 없었습니다.

○ 피고인이 운영하는 24시간 편의점의 내부는 피고인과 경찰관이 실랑이를 벌일 정도로 장소가 너무 좁아서 그러한 장소가 되지 못됩니다.

○ 피고인은 앞에서도 누차에 말씀드렸다시피 결코 경찰관에게 폭행을 가하거나 공무집행에 항거하거나 폭력을 행사한 사실 추호도 없었습니다.

나. 피해자와의 관계

○ 전혀 모르는 분들이고 출동한 경찰관입니다.

다. 합의 여부(미합의인 경우 합의 전망, 합의를 위한 노력 및 진행상황)

○ 없습니다.

○ 피해자 있다면 응당 그에 대한 피해복구를 할 생각을 당연히 가지고 있습니다.

○ 그러나 피고인으로서는 같은 동네에서 편의점을 운영하면서 가깝게 있는 지구대와의 사이가 벌어지는 것을 원하지 않아서 그래도 좋은 것

이 좋겠다는 생각으로 잘잘못을 떠나 피고인으로 하여금 심기를 끼친데 대하여 죄송한 마음으로 수차례에 걸쳐 지구대로 찾아갔지만 출동한 경찰관을 만나지 못하고 있던 중 최근에 그 출동한 경찰관을 만나 정중하게 사과하고 다친 곳이 있으면 치료도 해드리고 합의를 해줄 것을 부탁드렸든 바, 그 출동한 경찰관은 전혀 피해 입이 없다며 합의를 할 성질이 아니라고 하시는 바람에 그냥 돌아왔습니다.

○ 그 후로도 피고인으로서는 피고인이 그 출동한 경찰관이 근무하는 지구대로 찾아가 3시간이 넘도록 기다렸다가 겨우 만나서 용서를 구하고 다시는 이러한 일이 없도록 하겠다고 무릎까지 꿇고 용서를 빌고 또 합의를 해달라고 부탁드렸는데 끝내 출동한 경찰관은 피해 입은 사실이 없는데 무슨 합의냐고 하면서 합의 같은 것은 필요 없다고 하시는 바람에 또 그냥 돌아오고 말았습니다.

라. 범행 후 피고인의 생활

○ 피고인은 현재 지나간 일을 모두 있고 지금 이 시간에도 24시간 편의점에서 열심히 일하고 있습니다.

마. 현재 질병이나 신체장애 여부

○ 건강은 양호한 편입니다.

바. 억울하다고 생각되는 사정이나 애로사항

○ 피고인으로서는 조금만 이해하고 서로 조금만 양보했더라면 이러한 일이 생기지 않았을 텐데 감정을 억제하지 못한데 대하여 진심으로 사죄드리고 저에 대한 잘못을 뼈저리게 후회하고 있습니다.

○ 그 순간 감정을 억제하지 못하고 실수를 저지른데 대하여 입이 열 개라도 할 말이 없습니다.

○ 그러나 피고인은 출동한 경찰관을 폭행하고 공무집행을 방해하였다는 것은 아직까지 이해가 안 갑니다.

○ 피고인이 죽을죄를 지은 것도 아닌데 느닷없이 손님들이 보고 있는 자리에서 지구대로 강제연행을 하겠다고 잡아당기는 것을 피고인으로서는 강제연행을 당하기 싫어서 항의하고 저지하는 수단으로 피고인과 신체적으로 접촉만 있었던 것인데 이것을 공무집행방해 혐의로 몰아붙이고 마치 큰 범죄자로 낙인을 찍는 것은 정말 억울합니다.

○ 피고인이 강제연행에 항의했다고 해서 공무집행을 방해하고 또 경찰관을 폭행한 그런 흉악범으로 몰아붙이는 현실이 너무나 야속합니다.

○ 피고인이 무조건 다 잘했다는 것은 아닙니다. 피고인도 강제연행을 항의하는 과정에서 감정을 억제하지 못했다고 해서 피고인에게 이렇게 가혹한 처벌의 잣대를 들이대는 것은 억울합니다.

사. 그 외형을 정함에 있어서 고려할 사항

○ 이 사건의 경우 피고인을 강제연행을 저지하기 위한 약간의 신체적 접촉이 있었을 뿐이고, 순식간에 일어난 범행으로 그 정도가 현저히 약하다 할 것이고, 현재까지의 재판실무상 이 사건과 유사한 공무집행방해죄에 대한 수위의 동종 사안에서 그 형 종을 벌금형으로 선택하여 온 것에 비추어 피고인에게도 그 형 종으로 벌금형으로 선택하여 주실 것을 간곡히 호소합니다.

○ 공무집행방해에 대한 엄벌추세 등에 비추어 피고인에게는 범죄경력이 전혀 없다는 점, 아직 젊은 나이에 자영업을 통하여 가족을 부양해야 하는 등 피고인에게 사회생활을 영위함에 있어 상당히 무거운 족쇄로 작용할 것이 자명한바, 한 순간의 실수를 행한 피고인에게 다시 한 번의 기회를 주신다는 의미에서 이번에 한하여 선고유예의 선처를 허락하여 주실 것을 아울러 간곡히 호소합니다.

○ 피고인에게는 그 어떤 범죄전력은 없습니다.

○ 피고인에게는 재범위험성보다는 개선가능성이 현저히 높습니다.

○ 순간적으로 강제연행에 항의하는 과정에서 이뤄졌던 것입니다.

○ 피고인은 진지한 반성을 하고 있고 다시는 이러한 일 없도록 하겠다는 재발방지의 서약 등을 감안하셔서 귀원께서 이상의 사정을 종합하여 법이 허용하는 범위 내에서 최대한의 선처와 관용을 베풀어 주실 것을 간곡히 부탁드립니다.

5. 양형을 위하여 조사해 주기를 바라는 사항

가. 피고인의 부모, 형제, 친척, 친구 등 양형조사를 해주기 바라는 사람의 이름과 연락처를 구체적으로 기재

○ 없습니다.

나. 피고인의 양형을 위하여 유리한 문서, 서류 기타 관련 증거 등에 관하여 구체적으로(소재지 등) 기재

○ 없습니다.

6. 법원조사관의 면담을 원하는지 여부

법원조사관을 면담하여 양형에 관한 사실 및 의견에 관하여 도움을 받고 싶은 가요?

(1) 원한다(   )

(2) 원하지 않는다(○)

(3) 기타(   )

○○○○ 년 ○○ 월 ○○ 일

위 피고인 : ○ ○ ○   (인)

홍성지원 형사 제○단독 귀중

의 견 서

사   건 : ○○○○고단○○○○호 공무집행방해

피 고 인 : ○   ○   ○

광주지방법원 형사 제○단독 귀중

의 견 서

사   건 : ○○○○고단○○○○호   공무집행방해
피   고   인 : ○   ○   ○

　이 의견서는 피고인의 진술권 보장과 공판절차의 원활한 진행을 위하여 제출하도록 하는 것입니다. 피고인은 다음 사항을 기재하여 이 양식을 송부 받은 날로부터 <u>7일 이내에</u> 법원에 제출하시기 바랍니다. 진술을 거부하는 경우에는 진술을 거부한다는 내용을 기재하여 제출할 수 있습니다.

　이 의견서는 피고인에 대한 양형자료로 사용될 수 있으니 양형에 참작할 유리한 내용이 있는 경우 빠짐없이 기재해 주시기 바랍니다.

1. 공소사실에 대한 의견

　　가. 공소사실의 인정 여부

　　　　(1) 공소사실을 모두 인정함(　)

　　　　(2) 세부적으로 약간 다른 부분은 있지만 전체적으로 잘못을 인정함(○)

　　　　(3) 여러 개의 공소사실 중 일부만 인정함(　)

　　　　(4) 공소사실을 인정할 수 없음(　)

　　　　(5) 진술을 거부함(　)

　　나. 공소사실을 인정하지 않거나{1의 가. (3), (4) 중 어느 하나를 선택한 경우}, 사실과 다른 부분이 있다고 하는 경우{1의 가. (2)를 선택한 경우}, 그 이유를 구체적으로 밝혀 주시기 바랍니다.

○ 피고인은 평소 술을 잘 못 먹는 편이지만 술을 조금만 마셔도 저 자신을 억제하기 힘들어지는 상황으로 이어져 이 사건 범행 당일에도 귀가한 기억은 전혀 생각나지 않지만 그 이후의 범행 또한 대부분 기억이 가물가물하게 나지 않습니다.

○ 피고인은 수사기관에 출석하여 조사를 받는 과정에서 기억이 없다고 하지 수사관계자가 제시하는 CCTV를 보고 알게 된 일이지만 길을 걷든 사람이 갑자기 피고인에게 다가와 무엇인가 하나를 달라고 했고 피고인은 없다고 했는데 계속해서 해서 요구를 하는 과정에서 욕설을 하는 바람에 시비가 되어 몸싸움으로까지 이어졌습니다.

○ 피고인의 기억으로는 이러한 시비가 있어 서로 옥신각신 하는 과정에서 이를 목격한 사람들이 112신고를 하였고 신고를 받고 광주 광산경찰서 지구대 소속 경찰관이 출동하였는데 자초지종을 묻는 경찰관에게 상대방이 담배를 하나 달라고 시비를 붙은 사람이 그런 사실이 없었다고 거짓말을 하자 출동한 경찰관이 질문 태도가 갑자기 바뀌고 피고인을 불량한 사람으로 취급을 하는 것에 대하여 불만을 한 것뿐이었는데 유독 경찰관이 피고인만 지구대로 연행해야겠다며 마구잡이로 피고인을 양팔을 붙잡고 출동차량으로 끌어당겨 피고인으로서는 불법연행에 항의하는 과정에서 뿌리친 것은 사실이나 그 경찰관의 진술에 의하면 피고인이 의도적으로 공무집행을 방해하면서 출동한 경찰관의 손목을 잡아 비틀고 밀치는 바람에 상해를 입혔다는데 있습니다.

○ 이유를 막론하고 피고인이 잘 마시지도 못하는 술을 과음하여 소란을 피운 것은 세상사는 사람으로서 부끄러운 일입니다.

○ 술을 먹고 행한 일이기는 하지만 이점에 대해서는 입이 열 개라도 할 말이 없습니다.

○ 죄송하게 생각합니다.

○ 그러나 아무리 술을 많이 마신 상태에서 기억은 없지만 피고인은 결단코 출동하신 경찰관을 상대로 손목을 잡거나 비틀거나 밀치고 폭행을

한 사실이 없고 공무집행을 방해한 사실은 없습니다.

○ 하늘에 두고 맹세할 수 있지만 경찰관을 폭행하지 않았습니다.

○ 피고인의 기억으로는 피고인이 경찰관의 불법연행을 항의하는 과정에서 약간의 신체적인 접촉은 있었으나 이것이 경찰관의 폭행으로 이어지고 공무집행을 방해한 것으로 피고인에게 불리한 방향으로 뒤바뀐데 대하여 억울하다 못해 누명을 벗어야겠다는 생각밖에 없습니다.

○ 문제는 피고인도 과음을 하여 다소 격한 행동으로 저항한 것은 맞지만 출동한 경찰관은 피고인이 술에 취했다하더라도 피고인에게 먼저 시비를 붙었든 상대방부터 자초지종을 캐묻고 술에 취한 피고인이 봤을 때 좀 공정하게 처리하려했더라면 이런 일도 없었을 텐데 그 출동한 경찰관은 피고인에게는 이유를 들어보지도 않고 다짜고짜 피고인만 과음을 했다는 이유만으로 피고인을 탓하고 지구대로 현행범인양 양팔을 잡아끌고 가려고 한 것에 대한 불만을 표시하고 항의하는 과정에서 경찰관을 저지하려고 피고인의 팔을 뿌리친 것뿐입니다.

○ 피고인으로서는 평소에도 많은 량의 술을 마시지 않는 편이라는 점, 견디지도 못하는 술을 많이 마신 상태라 심신이 미약한 상태에서 생긴 것임에도 마치 의도적으로 범행을 저지른 것으로 오해를 불러일으킨 부분에 대하여 솔직하게 진술하고 잘못된 공소사실을 바로잡고 싶지만 자칫 재판장님께 범행을 부인하는 것으로 비춰질까봐 간단하게 생각나는 대로 사건의 범행동기를 말씀드리게 되었습니다.

○ 그렇다고 해서 시비를 붙은 사람과 말다툼하고 강제연행을 하려는 경찰관에 대하여 강력히 저항하는 과정에서 일어난 항의가 떳떳하고 잘했다는 것은 아닙니다.

○ 이 사건의 발단은 먼저 상대방이 시비를 붙고 원인제공을 함으로써 비롯되었지만 출동한 경찰관 역시 오해를 소지를 가지고 피고인만 유독 지구대로 강제연행을 하려고 피고인의 팔을 잡아 끈 잘못으로 인하여 피고인이 이를 저항하는 과정에서 뿌리치면서 일어난 것이므로

정상을 참작해 주실 것을 간곡히 호소합니다.

2. 절차진행에 대한 의견

가. 이 사건 이외에 현재 재판진행 중이거나 수사 중인 다른 사건이 있다면, 해당 수사기관이나 법원과 그 사건명, 당사자 명을 기재하여 주시기 바랍니다.

○ 없습니다.

나. 이 사건 재판을 진행하기 전에 법원에 이야기하고 싶은 특별한 사정이 있습니까?

○ 피고인은 술을 많이 마시지 못합니다.

○ 피고인은 술을 배우고 마신 후로는 술을 조금만 마셔도 잠이 쏟아져 아무 곳에서나 술이 깰 때까지 잠을 자는 버릇이 있기 때문에 가급적이면 조심하는 편입니다.

○ 술로 인하여 이번과 같은 일이 생기게 되어 이제는 술을 안 먹겠다고 작정했습니다.

술 자체를 끊는다는 것은 저에 대한 정신건강에도 유익하기 때문에 이참에 술을 끊기로 작심했습니다.

○ 이번에 생긴 사고 당일에도 아무런 일이 생기지 않을 수 있었는데 지금 생각하면 모두가 제 탓인 것 같고 술 때문에 생긴 것 같아 무엇보다도 가슴이 아픕니다.

○ 원망하는 것은 아니지만 길을 가는 피고인에게 상대방이 먼저 시비를 붙지 않았다면 피고인이 시비를 붙을 필요가 없었을 것이고 그냥 피고인이 모르는 채 지나갔으면 좋았을 텐데 그만 과음한 피고인이 어디에서 그런 용기가 나서인지 이런 일까지 자초하여 더욱 가슴이 아픕니다.

다. 이 사건 재판의 절차 진행에 있어, 법원에서 참작해 주기를 바라는 사항이 있으면, 구체적으로 밝혀 주시기 바랍니다.

○ 본건 공소사실에 대하여 검찰제출의 증거사용에 동의하겠습니다.

3. 성행 및 환경에 관한 의견

가. 가족관계

(1) 가족사항 (사실상의 부부나 자녀도 기재하며 중한 질병 또는 장애가 있는 등 특별한 사정은 비고란에 기재)

관계	성 명	나이	학력	직업	동거여부	비 고
본인	○○○	37	대졸	회사원	○	
부	○○○	65	대졸	자영업	○	만성당뇨
형	○○○	40	대졸	공무원	○	

○ 피고인의 형 ○○○은 결혼한 후 성격차이로 인하여 슬하에 자녀 없이 이혼하여 피고인과 아버님과 형이 함께 거주하고 있습니다.

(2) 주거사항

○ 자가 소유(시가 :   정도)

○ 전세(보증금 : 원,   원)

○ 월세(보증금 :   원)

○ 기타(무상거주 : 부모님 소유의 27평형 아파트에서 무상으로 거주하고 있습니다.)

※ 피고인이 거주하는 위 아파트는 방 2개, 거실이 있는데 안방은 아버님께서 사용하고 작은 방에서 피고인과 형이 같이 생활하고 있습니다.

(3) 가족의 수입

○ 피고인의 아버님께서 광주에 있는 ○○시장 모퉁이에서 조그마한 제과점을 운영하시고 벌어들이는 수입이 계절마다 약간씩 다르지만 월 약 300여만 원의 수입이 있습니다.

○ 피고인은 광주광역시 ○○구 ○○로 ○길 소재에 있는 주식회사 ○○디앤씨라는 컴퓨터 프로그램개발회사에서 팀장으로 근무하면서 매월 지급받는 급료가 420여만 원의 수입이 있습니다.

○ 피고인의 형 ○○○은 전라남도 ○○시 ○○로 ○길 ○○, 소재에 있는 ○○검역연구소에서 계장 6급으로 근무하고 약 350만 원의 수입이 있습니다.

※ 피고인의 가족의 수입은 아버님 300만 원+피고인 420만 원+피고인의 형 350만 원 합계 1,070만 원의 수입을 얻고 있습니다.

나. 피고인의 학력 · 직업 및 경력

(1) 피고인의 학력

○ 피고인은 ○○○○. ○○.경 전라남도 나주에 있는 ○○초등학교를 졸업했습니다.

○ 피고인은 ○○○○. ○○.경 전라남도 나주에 있는 ○○중학교를 졸업했습니다.

○ 피고인은 ○○○○. ○○.경 광주광역시 ○○구 ○○에 있는 ○○고등학교를 졸업했습니다.

○ 피고인은 ○○○○. ○○.경 전라북도 군산시 ○○에 있는 ○○대학교 컴퓨터공학과를 졸업하였습니다.

(2) 과거의 직업, 경력

○ 피고인은 ○○○○. ○○.부터 ○○○○. ○○.까지 광주광역시 ○○구 ○○로 ○○○, 소재 주식회사 ○○실업에서 컴퓨터 프로그램

개발실에서 근무.

○ 피고인은 ○○○○. ○○.부터 ○○○○. ○○.까지 전라남도 여수시 ○○로 소재에 있는 여수제일기업에서 프로그램 개발부 근무.

○ 피고인은 ○○○○. ○○.부터 현재까지 광주광역시 ○○구 ○○로 ○길 소재에 있는 주식회사 ○○디앤씨라는 컴퓨터 프로그램개발 회사에서 팀장으로 근무하고 있습니다.

(3) 현재의 직업 및 월수입, 생계유지 방법

○ 피고인은 광주광역시 ○○구 ○○로 ○길 소재에 있는 주식회사 ○○디앤씨라는 컴퓨터 프로그램개발회사에서 팀장으로 근무하고 얻는 월 420만 원의 수입으로 생계를 유지하고 있습니다.

○ 피고인은 매월 약 420만 원의 수입에서 약 200여만 원은 지출하고 200여만 원씩 적금을 납입하고 있습니다.

(4) 향후 취직을 하거나 직업을 바꿀 계획 유무 및 그 내용, 자격증 등 소지 여부

○ 피고인은 아직까지는 직업을 바꿀 계획은 없고 꼬박꼬박 적금을 납입하는 것은 후일 피고인이 직접 컴퓨터 프로그램을 개발하는 회사를 설립하여 운영하려는 계획을 가지고 있습니다.

○ 피고인이 보유하고 있는 자격증은 컴퓨터 프로그램기사 자격증을 보유하고 있고, 운전면허자격증을 여러 종류의 면허를 보유하고 있습니다.

다. 성장과정 및 생활환경 (부모나 형제와의 관계, 본인의 결혼생활, 학교생활, 교우관계, 성장환경, 취미, 특기, 과거의 선행 등을 기재)

○ 피고인의 성격은 어려서부터 차분하면서도 활발하며 항상 남에게 베풀고 싶은 성격을 가지고 있습니다.

○ 항상 힘든 분들을 위해 봉사한다는 생각으로 매사 적극적으로 추진해

내려는 성격도 함께 가지고 있습니다.

○ 특히 주변 분들과 운동을 하는 등 건강은 매우 양호하고 학교생활에서도 특히 친구들과 정말 사이좋게 지내는 성격이라 친구들이 주변에 상당히 많은 편이고 지금도 우리 친구들을 자주 만나고 좋은 교류를 하고 있습니다.

○ 피고인은 틈틈이 봉사활동을 해오고 있고 작은 금액이지만 성의껏 소외계층을 위해 꾸준히 기부 하고 있습니다.

라. 피고인 자신이 생각하는 자기의 성격과 장·단점

○ 피고인은 원래부터 차분한 성격을 지니고 있으며 매사에 적극적인 의지까지 겸비하고 있습니다.

4. 정상에 관한 의견(공소사실을 인정하지 않는 경우 기재하지 않아도 됨)

가. 범행을 한 이유

○ 피고인은 이 사건 사고 당일 직장에서 회식이 있었고 원래 많은 술을 마시지 못해 과음을 하지 않으려고 절제한 상태로 회식이 끝나고 집으로 돌아가기 위해 택시를 타고 피고인이 살고 있는 아파트방향으로 걸어가는데 갑자기 상대방이 피고인에게 다가와 담배하나만 달라고 하였고, 실은 피고인은 담배를 피우지 않아 없다고 하자 괜히 시비를 붙고 욕설을 하는 바람에 시비가 되어 옥신각신 하는 과정에서 싸우는 것으로 오해한 사람이 112신고를 하였고 출동한 경찰관에게 상대방이 담배 달라고 시비를 붙은 사실이 없다고 둘러대자 출동한 경찰관은 피고인이 과음하여 피고인이 시비를 붙은 것으로 판단하고 출동한 경찰관이 피고인만 유독 지구대로 연행하겠다며 팔을 잡아 끌어당기는 바람에 강제연행을 항의하면서 뿌리친 사실밖에 없었는데 그 경찰관은 피고인이 의도적으로 공무집행을 방해하고 경찰관의 손목을 잡아 밀치는 등 상해를 입혔다는데 있습니다.

○ 피고인은 앞에서도 누차에 말씀드렸다시피 결코 경찰관에게 폭행을 가

하거나 공무집행에 항거하거나 폭력을 행사한 사실 추호도 없었습니다.

나. 피해자와의 관계

○ 전혀 모르는 분들이고 출동한 경찰관입니다.

다. 합의 여부(미합의인 경우 합의 전망, 합의를 위한 노력 및 진행상황)

○ 없습니다.

○ 피해자가 있다면 응당 그에 대한 피해복구를 할 생각을 당연히 가지고 있습니다.

○ 그러나 피고인은 일이 여기까지 왔고 잘잘못을 떠나 피고인으로 하여금 심기를 끼친데 대하여 죄송한 마음으로 수차례에 걸쳐 출동한 경찰관에게 사과드리고 용서를 빌기 위해서 찾아갔으나 번 번히 만나지 못하고 최근에 그 출동한 경찰관을 만나 용서를 구하고 합의를 해줄 것을 부탁드렸든 바, 그 출동한 경찰관은 피해입은 것도 없고 합의를 할 성질이 아니라고만 하고 거절하는 것 같아서 그냥 돌아왔습니다.

○ 그 후 피고인으로서는 피고인으로부터 정신적으로 고통을 받았거나 피해를 입은 경찰관에게 사과드리고 용서를 받지 못해 마음이 좋지 않아서 또 그 출동한 경찰관이 근무하는 지구대로 찾아가 3시간이 넘도록 기다렸다가 만나서 용서를 구하고 다시는 이러한 일이 없도록 하겠다고 무릎까지 꿇고 용서를 빌고 합의를 해달라고 부탁드렸는데 끝내 출동한 경찰관은 피해 입은 사실이 없다며 합의 같은 것은 필요 없다고 하시는 바람에 또 그냥 돌아오고 말았습니다.

라. 범행 후 피고인의 생활

○ 피고인은 현재 지나간 일을 모두 잊고 직장에서 열심히 컴퓨터 프로그램인 어린이용 오락 프로그램을 개발하고 있습니다.

마. 현재 질병이나 신체장애 여부

○ 건강은 양호한 편입니다.

바. 억울하다고 생각되는 사정이나 애로사항

○ 피고인은 과음한 상태에서 시비로 인하여 순식간에 일어난 일지만 제대로 기억을 못해내고 있으나 술로 인하여 그 순간 감정을 억제하지 못하고 실수를 저지른데 대하여 입이 열 개라도 할 말이 없습니다.

○ 과음한 피고인은 자신의 몸도 제대로 가누지도 못하는 피고인이 이에 편승하여 출동한 경찰관을 폭행하고 공무집행을 방해하였다는 것은 아직까지 이해가 안 가는 대목입니다.

○ 피고인은 죄를 지은 것도 아닌데 강제연행을 당하기 싫어서 항의하고 저지하는 수단으로 피고인이 손을 뿌리친 것 밖에 없는데 단지 과음하였다는 이유만으로 공무집행방해 혐의로 몰아붙이며 마치 큰 범죄자로 낙인을 찍는 것은 정말 억울하게 생각합니다.

○ 술로 인하여 몸도 제대로 가누지도 못하는 피고인이 강제연행에 항의했다고 해서 공무집행을 방해하고 또 경찰관을 폭행한 그런 흉악범으로 몰아붙이는 현실이 너무나 야속합니다.

○ 피고인이 무조건 다 잘했다는 것은 아닙니다. 피고인도 강제연행을 항의하는 과정에서 감정을 억제하지 못했다고 해서 과음하여 심신이 미약한 피고인에게 이렇게 가혹한 처벌의 잣대를 들이대는 것은 정말 억울합니다.

사. 그 외형을 정함에 있어서 고려할 사항

○ 이 사건의 경우 피고인은 범행 당시 만취되어 심신미약 상태에서 순식간에 일어난 범행으로 그 정도가 현저히 약하다 할 것이고, 현재까지의 재판실무상 이 사건과 유사한 공무집행방해죄에 대한 수위의 동종 사안에서 그 형 종을 벌금형으로 선택하여 온 것에 비추어 피고인에

게도 그 형 종으로 벌금형으로 선택하여 주실 것을 간곡히 호소합니다.

○ 공무집행방해에 대한 엄벌추세 등에 비추어 피고인에게는 범죄경력이 전혀 없다는 점, 아직 젊은 나이에 곧 혼인을 앞두고 있다는 점, 컴퓨터 프로그램개발업무에 종사하는 피고인에게 사회생활을 영위함에 있어 상당히 무거운 족쇄로 작용할 것이 자명한바, 한 순간의 실수를 행한 피고인에게 다시 한 번의 기회를 주신다는 의미에서 이번에 한하여 선고유예의 선처를 허락하여 주실 것을 아울러 간곡히 호소합니다.

○ 피고인에게는 아무런 범죄전력이 없습니다.

○ 피고인에게는 재범위험성보다는 개선가능성이 현저히 높습니다.

○ 술기운에 취해 우발적으로 이뤄졌던 것입니다.

○ 곧 혼인을 앞두고 있는 피고인에게는 사회생활에 있어 사형선고를 내리는 것과도 같습니다.

○ 피고인은 진지한 반성을 하고 있고 이참에 잘 먹지도 못하는 술까지 끊겠다고 다짐하는 점 등을 감안하셔서 귀원께서 이상의 사정을 종합하여 법이 허용하는 범위 내에서 최대한의 선처와 관용을 베풀어 주실 것을 간곡히 부탁드립니다.

5. 양형을 위하여 조사해 주기를 바라는 사항

가. 피고인의 부모, 형제, 친척, 친구 등 양형조사를 해주기 바라는 사람의 이름과 연락처를 구체적으로 기재

○ 없습니다.

나. 피고인의 양형을 위하여 유리한 문서, 서류 기타 관련 증거 등에 관하여 구체적으로(소재지 등) 기재

○ 없습니다.

6. 법원조사관의 면담을 원하는지 여부

법원조사관을 면담하여 양형에 관한 사실 및 의견에 관하여 도움을 받고 싶은 가요?

(1) 원한다(   )

(2) 원하지 않는다(○)

(3) 기타(   )

○○○○ 년 ○○ 월 ○○ 일

위 피고인 : ○ ○ ○   (인)

광주지방법원 형사 제○단독 귀중

의 견 서

사　　　　건 : ○○○○고단○○○○호　　도로교통법위반(음주운전)

피　고　인 : ○　　　　○　　　　○

춘천지방법원 형사 제○단독 귀중

의 견 서

사　　　　　건 : ○○○○고단○○○○호　도로교통법위반(음주운전)

피　고　인 : ○　　　○　　　○

　　이 의견서는 피고인의 진술권 보장과 공판절차의 원활한 진행을 위하여 제출하도록 하는 것입니다. 피고인은 다음 사항을 기재하여 이 양식을 송부 받은 날로부터 <u>7일 이내</u>에 법원에 제출하시기 바랍니다. 진술을 거부하는 경우에는 진술을 거부한다는 내용을 기재하여 제출할 수 있습니다.

　　이 의견서는 피고인에 대한 양형자료로 사용될 수 있으니 양형에 참작할 유리한 내용이 있는 경우 빠짐없이 기재해 주시기 바랍니다.

1. 공소사실에 대한 의견

　　가. 공소사실의 인정 여부

　　　　(1) 공소사실을 모두 인정함(○)

　　　　(2) 세부적으로 약간 다른 부분은 있지만 전체적으로 잘못을 인정함(　)

　　　　(3) 여러 개의 공소사실 중 일부만 인정함(　)

　　　　(4) 공소사실을 인정할 수 없음(　)

　　　　(5) 진술을 거부함(　)

　　나. 공소사실을 인정하지 않거나{1의 가. (3), (4) 중 어느 하나를 선택한 경우}, 사실과 다른 부분이 있다고 하는 경우{1의 가. (2)를 선택한 경우}, 그 이유를 구체적으로 밝혀 주시기 바랍니다.

○ 피고인은 이 사건 공소사실은 모두 인정하고 또한 깊이 뉘우치고 뼈저리게 반성하고 있습니다.

○ 이유여하를 막론하고 또 술을 먹고 해서는 안 되는 음주운전을 한데 대하여 입이 열 개라도 할 말이 없습니다. 피고인은 금년 9월 초순경 아버님께서 새벽녘에 집에서 갑자기 의식을 잃고 쓰러져 119구조대 도움을 받아 ○○병원 응급실로 후송된 후 ○○일 동안 사경을 헤매시다 퇴원 하셨습니다,

○ 피고인이 어쩔 수 없는 상황에서 이 사건당일 또 음주운전을 하게 된 동기는 피고인과는 더할 나위 없이 아주 친한 지인들에게 피고인의 아버님에 대한 병환을 경황이 없어서 지인들에게 알리지 못했던 것인데 병문안을 오지 못한 지인들이 마련한 자리에서 정말 거절할 수 없어서 술을 마신 후에 대리운전을 할 요량으로 술을 마셨습니다.

○ 한번 두 번도 아니고 툭하면 음주운전 적발된데 대하여 죄송하고 부모님께 죄송스러워 얼굴을 들지 못할 지경입니다.

○ 정말 또 있을 수 없는 죄를 지고 말았습니다.

○ 피고인이 여러 번 반복해서 저지른 잘못을 재판장님께서 보실 때 마치 변명으로 비춰질 수도 있겠지만 지금까지는 벌금으로 끝났기 때문에 음주운전 그것을 대수롭지 않게 생각하고 여기까지 온 것 같지만 피고인으로서는 재판장님께서 난생처음으로 의견서를 써내라는 연락을 받고 그 자리에 쓰러져 한참동안 정신까지 잃었습니다.

○ 판결을 내리시는 우리 재판장님께서 보실 때는 피고인에 대한 음주운전의 적발된 경위에 대하여 진실이 허락하지 않는 억울한 부분이 있지만 괜히 따지는 것으로 오해를 사게 되면 판결결과에 큰 영향은 미치지나 않을까 하는 입장에서 몹시 마음을 쓰며 애를 태우고 선처를 호소합니다.

○ 피고인으로서는 음주운전을 한 것은 맞습니다.

○ 그러나 저의 음주운전이 한번 도 아닌 여러 번 반복해서 음주운전을 한 것으로 비춰져 안타까울 뿐입니다.

○ 아무것도 모르시고 거동조차 불편하신 아버님을 생각하면 미안하고 죄송한 마음 때문에 심장이 멈추는 것 같습니다.

○ 혹시라도 아버님께서 아시는 날이면 그 충격으로 돌아가지는 않을까 늘 노심초사하고 있습니다.

○ 한편 아버지가 부끄러운 짓을 저지른 것도 모르고 우리 가족을 위해 허드렛일도 마다하지 않는 딸아이 보기가 얼마나 미안한지 견딜 수 없는 고통 속에서 지낼 수밖에 없습니다.

○ 피고인은 이번의 음주운전으로 잃고 버린 것도 많고 원만하면 걸어서 다니고 대충교통을 이용함으로써 경제적으로도 많은 도움이 되고 불편한 점은 피부로 느낄 수 있지만 그래도 피고인이 한 음주운전에 비하면 참을 만한데 저의 실수로 모든 것이 물거품은 되지 않을까 걱정도 앞섭니다.

2. 절차진행에 대한 의견

가. 이 사건 이외에 현재 재판진행 중이거나 수사 중인 다른 사건이 있다면, 해당 수사기관이나 법원과 그 사건명, 당사자 명을 기재하여 주시기 바랍니다.

○ 전혀 없습니다.

나. 이 사건 재판을 진행하기 전에 법원에 이야기하고 싶은 특별한 사정이 있습니까?

○ 한순간 잘못된 생각으로 또 음주운전을 하게 되어 돌이킬 수 없는 상황으로까지 전개되어 모든 삶을 고스란히 내려놓을지도 모른다는 생각에 한동안 실의에 빠져 있었습니다.

○ 피고인은 한번 도 아니고 두 번이나 음주운전으로 적발되어 법에 의한

용서를 받았고 다시는 음주운전을 하지 않겠다고 다짐도 했습니다만 피고인에게는 의지력이 약하다는 것을 절실히 깨닫고 술을 잊고 지냈지만 다리가 후들후들 떨리고 눈앞이 캄캄하고 아무것도 보이지 않고 정신을 멍하니 잃고 있습니다.

○ 피고인이 생각해도 피고인은 정신이 나간 사람 같아서 ○○군 ○○읍내 소재하는 ○○의원으로 ○○○○. ○○. ○○. 찾아가 진료를 받았습니다.

○ 진료를 하신 의사선생님께서 피고인은 지금 심한 우울증으로 불안장애가 있어 이를 극복하려고 술을 마실 수밖에 없다는 진단을 받고 장기적인 치료를 받으면 술도 끊을 수 있고 우울증세도 치유될 수 있다는 진단까지 받았습니다.

○ 지금까지 술만 먹고 가족들을 비롯해서 거동이 불편하신 아버님께 호도도 제대로 하지 못하고 정말 한심한 인생을 살았던 것 같습니다.

○ 후회가 막심합니다.

○ 늦었지만 이제라도 뉘우치고 음주치료를 받기로 하고 약을 복용한 후로는 술이라는 것을 전혀 생각나지도 않고 불안장애가 없어져 기분까지 좋아진 것을 느꼈습니다.

○ 술 때문에 빚어진 음주운전 피고인의 건강을 위해 술을 끊겠다고 생각으로 ○○○○. ○○. ○○.에 피고인이 운전하던 이 사건 차량마져 같은 ○○○에 사시는 ○○○이라는 분에게 이미 양도하였습니다.

○ 이번 한번만 더 존경하는 우리 재판장님께서 피고인에게 관용을 베풀어 주시면 절대 음주운전으로 재판을 받는 반복되는 일은 없게 하겠습니다.

○ 피고인은 매일같이 악몽을 꾸고 있습니다. 악몽에서도 벗어나게 도와주시면 고맙겠습니다.

○ 피고인에게 선처를 간곡히 호소합니다.

다. 이 사건 재판의 절차 진행에 있어, 법원에서 참작해 주기를 바라는 사항이 있으면, 구체적으로 밝혀 주시기 바랍니다.

○ 본건 공소사실에 대하여 검찰제출의 증거사용에 동의하겠습니다.

○ 모두 인정하겠습니다.

3. 성행 및 환경에 관한 의견

가. 가족관계

(1) 가족사항 (사실상의 부부나 자녀도 기재하며 중한 질병 또는 장애가 있는 등 특별한 사정은 비고란에 기재)

관계	성 명	나이	학력	직업	동거여부	비 고
본인	○○○	53	고졸	○○○	○	
녀	○○○	23	학생	대학원생	○	
부	○○○	86	고졸	무직	○	거동이 매우 불편함

(2) 주거사항

자가 소유(시가 :   정도)

전세(보증금 :   만 원, 대출금   만 원)

월세(보증금 : 2,000만 원, 월세 40만 원)

기타(무상거주 :   )

○ 피고인 명의로 된 월세주택은 약 20여 평에 달하고 안방 1개와 작은 방으로 구성되어 있으며 안방에서는 거동이 불편하신 아버님께서 사용하시고 작은방은 빨래방 겸 창고로 사용하고 있으며 피고인은 주로 거실에서 생활하고 있습이다.

(3) 가족의 수입

○ 현재는 수입이 일정하지 않는 편이지만 피고인이 월 150만 원에서 200여만 원의 수입밖에 없는 실정입니다.

나. 피고인의 학력·직업 및 경력

(1) 피고인의 학력

○ 피고인은 1976. 3. ○○초등학교를 졸업했습니다.

○ 피고인은 1979. 3. ○○중학교를 졸업했습니다.

○ 피고인은 1982. 3. ○○고등학교를 졸업했습니다.

(2) 과거의 직업, 경력

○ 피고인은 1985. 6. 단기해병대 전역하였습니다.

○ 피고인은 1989. 7. ○○리조트 영업부 과장근무하였습니다.

○ 피고인은 1994. 6. ○○읍내 의류매장 오픈하였습니다.

○ 피고인은 2006. 11. ○○○면허를 취득하였습니다.

○ 현재는 건축현장에서 관련 업무를 보고 있습니다.

(3) 현재의 직업 및 월수입, 생계유지 방법

○ 피고인은 현재 건축현장에서 허드렛일을 하고 얻어지는 수입 월 150만 원 이상 약 200여만 원으로 딸아이의 학비와 거동이 불편하신 아버님의 치료비 등을 지출하는 등 정말 어렵게 생활하고 있습니다.

(4) 향후 취직을 하거나 직업을 바꿀 계획 유무 및 그 내용, 자격증 등 소지 여부

○ 피고인은 그 어렵다는 ○○○를 취득하여 ○○○을 하려고 하지만 지금은 부동산이 침체되어 다른 사람이 건축하는 현장에서 막노동 같은 일을 하고 일당을 받고 생활하면서 틈틈이 목표를 세우고 열

심히 노력하고 있습니다.

다. 성장과정 및 생활환경 (부모나 형제와의 관계, 본인의 결혼생활, 학교생활, 교우관계, 성장환경, 취미, 특기, 과거의 선행 등을 기재)

○ 피고인의 성격은 차분하면서도 활발하며 항상 남에게 베풀고 싶은 성격을 가지고 있습니다.

○ 힘든 분들을 위해 봉사한다는 생각으로 매사 적극적으로 추진해내려는 성격도 지니고 있습니다.

○ 특히 주변 분들과 운동을 하는 등 건강은 양호하고 학교생활에서도 친구들과 정말 사이좋게 지냈을 뿐 아니라 친구들이 주변에 많고 지금도 우리 친구들을 자주 만나고 있습니다.

○ 피고인은 틈틈이 봉사활동을 해오고 있고 작은 금액이지만 성의껏 소외계층을 위해 꾸준히 기부도 하려고 노력하고 있습니다.

라. 피고인 자신이 생각하는 자기의 성격과 장·단점

○ 피고인은 차분한 성격을 지니고 매사에 적극적인 의지를 가지고 있습니다.

4. 정상에 관한 의견(공소사실을 인정하지 않는 경우 기재하지 않아도 됨)

가. 범행을 한 이유

○ 피고인이 어쩔 수 없는 상황에서 또 음주운전을 하게 된 동기는 피고인과는 더할 나위 없이 아주 친한 지인들에게 피고인의 아버님에 대한 병환을 경황이 없어서 알리지 못했던 것인데 병문안을 오지 못한 지인들이 마련한 자리에서 정말 거절할 수 없어서 술을 마신 후에 대리운전을 할 요량으로 술을 마신 것이 발단이 되고 말았습니다.

○ 피고인의 실수로 또 이번과 같은 음주운전이 발생한 것으로 피고인은 이유여하를 막론하고 자복하며 반성하고 있습니다.

○ 피고인은 뼈저리게 뉘우치고 반성하고 또 반성하고 있습니다.

나. 피해자와의 관계

○ 없습니다.

다. 합의 여부(미합의인 경우 합의 전망, 합의를 위한 노력 및 진행상황)

○ 없습니다.

라. 범행 후 피고인의 생활

○ 피고인은 이 사건 음주운전에 대한 잘못을 뉘우치고 위 범행을 자복하며, 우리 가족의 생계유지를 위해 열심히 직장 생활에 최선을 다하고 있습니다.

○ 혹시나 아버님께서 피고인에 대한 일을 아시고 쓰러지시면 어떻게 하나 하는 걱정이 앞서 늘 마음 조아리고 있습니다.

○ 저에 대한 잘못으로 때문에 아버님 앞에서 숨소리도 죽여 가며 지내고 있습니다.

마. 현재 질병이나 신체장애 여부

○ 건강은 양호한 편입니다.

바. 억울하다고 생각되는 사정이나 애로사항

○ 피고인은 잘못을 깊이 뉘우치고 반성하고 있는 점 들을 두루 살피시어 선처를 간곡히 호소합니다.

○ 법 이전에 한 인간을 불쌍히 여기고 자비로우신 우리 재판장님의 판결이 피고인으로 하여금 다시금 기회를 주시고 거동조차 불편하신 우리 아버님께 격려와 위안이 될 수 있도록 선처를 간곡히 호소합니다.

○ 저는 재판장님의 소중한 뜻이 무엇인지를 되새기고 다시는 이런 일이

생기지 않도록 하겠습니다.

사. 그 외형을 정함에 있어서 고려할 사항

○ 다시 한 번 피고인에 대한 선처를 간곡히 호소합니다.

5. 양형을 위하여 조사해 주기를 바라는 사항

가. 피고인의 부모, 형제, 친척, 친구 등 양형조사를 해주기 바라는 사람의 이름과 연락처를 구체적으로 기재

○ 없습니다.

나. 피고인의 양형을 위하여 유리한 문서, 서류 기타 관련 증거 등에 관하여 구체적으로(소재지 등) 기재

○ 없습니다.

6. 법원조사관의 면담을 원하는지 여부

법원조사관을 면담하여 양형에 관한 사실 및 의견에 관하여 도움을 받고 싶은가요?

(1) 원한다(   )

(2) 원하지 않는다(○)

(3) 기타(   )

소명자료 및 첨부서류

1. 자동차양도계약서   1통
1. 진료기록(우울증, 불안장애 진료사항)   1통

○○○○ 년 ○○ 월 ○○ 일

위 피고인 : ○ ○ ○   (인)

춘천지방법원 형사 제○단독 귀중

◨ 편 저 대한법률콘텐츠연구회 ◨

(연구회 발행도서)

· 공소장의견서 정식재판청구서 작성방법과 실제
· 민사소송 답변서 작성방법
· (사례별) 재정신청 항고장 · 항고이유서
· 지급명령 이의신청서 답변서 작성방법
· 지급명령 신청방법
· 새로운 고소장 작성방법 고소하는 방법
· 민사소송 준비서면 작성방법
· 형사사건 탄원서 작성 방법
· 형사사건 양형자료 반성문 작성방법

형사사건 공소장 의견서 · 법원 의견서 · 피고인 의견서 지침서

공소장 공소사실 의견서 작성방법

2023년 11월 25일 인쇄
2023년 11월 30일 발행

편 저 대한법률콘텐츠연구회
발행인 김현호
발행처 법문북스
공급처 법률미디어

주소 서울 구로구 경인로 54길4(구로동 636-62)
전화 02)2636-2911~2, 팩스 02)2636-3012
홈페이지 www.lawb.co.kr

등록일자 1979년 8월 27일
등록번호 제5-22호

ISBN 979-11-93350-10-2 (13360)

정가 28,000원

이 도서의 국립중앙도서관 출판예정도서목록(CIP)은 서지정보유통지원시스템 홈페이지(http://seoji.nl.go.kr)와 국가
자료종합목록 구축시스템(http://kolis-net.nl.go.kr)에서 이용하실 수 있습니다.